ADOLPHE JOANNE

GÉOGRAPHIE

DE LA

HAUTE-LOIRE

11 gravures et une carte

HACHETTE ET Cⁱᵉ

GÉOGRAPHIE

DU DÉPARTEMENT

DE LA

HAUTE-LOIRE

AVEC UNE CARTE COLORIÉE ET 11 GRAVURES

PAR

ADOLPHE JOANNE

AUTEUR DU DICTIONNAIRE GÉOGRAPHIQUE ET DE L'ITINÉRAIRE
GÉNÉRAL DE LA FRANCE

PARIS
LIBRAIRIE HACHETTE ET Cⁱᵉ
79, BOULEVARD SAINT-GERMAIN, 79

1881

TABLE DES MATIÈRES

DÉPARTEMENT DE LA HAUTE-LOIRE

LISTE DES GRAVURES

Imprimerie A. Lahure, 9, rue de Fleurus, à Paris.

DÉPARTEMENT

DE LA

HAUTE-LOIRE

I. — Nom, formation, situation, limites, superficie.

Le département de la Haute-Loire doit son *nom* à sa situation sur le cours supérieur de la Loire, fleuve qui le traverse du sud-est au nord-est.

Il a été *formé*, en 1790 : 1° de trois contrées de l'ancien **Languedoc**, le *Velay*, le *Vivarais*, le *Gévaudan*, qui ont fourni 137 communes et 291,688 hectares ; 2° d'une fraction (8 communes, 20,400 hectares) du *Forez*, qui dépendait du **Lyonnais** ; 3° de 119 communes (184,137 hectares) de la **Basse-Auvergne**. L'arrondissement du Puy a pris 76 communes au Velay, 14 au Gévaudan, 13 à la Basse-Auvergne et 11 au Vivarais ; celui d'Yssingeaux, 35 au Velay et 8 au Forez. L'arrondissement de Brioude tout entier appartenait à l'Auvergne.

Situé dans la France centrale, sur la limite de la langue d'oc et de la langue d'oïl, il n'est séparé que par deux départements, le Puy-de-Dôme et l'Allier, de celui du Cher, qui occupe assez exactement le centre géométrique de notre pays. Deux départements aussi, l'Ardèche et le Gard, s'étendent entre ses limites et la mer Méditerranée. Cinq, — Puy-de-Dôme, Allier, Cher, Loiret et Seine-et-Oise, — le séparent de Paris. Le Puy, son chef-lieu, est à 566 kilomètres de cette ville par le chemin de fer, à 450 seulement à vol d'oiseau. Il est traversé, à quelques kilomètres au sud du Puy, par le

45° degré de latitude : il est donc à peu près à égale distance du Pôle et de l'Équateur, que séparent 90 degrés. Il est coupé par le 1er et le 2e degré de longitude est du méridien de Paris.

La Haute-Loire a pour *limites :* au nord, les départements du Puy-de-Dôme et de la Loire ; à l'est, ceux de la Loire et de l'Ardèche ; au sud, ceux de l'Ardèche et de la Lozère ; à l'ouest, ceux de la Lozère et du Cantal. Ces limites sont presque entièrement artificielles ou tracées à travers champs par des lignes conventionnelles, des chemins, des sentiers. Pourtant plusieurs cours d'eau forment frontière sur une portion de leur cours ; le plus important est, au sud du département, l'Allier, qui sépare le département de la Haute-Loire de celui de la Lozère sur un parcours de 21 kilomètres. A l'est, par endroits, la chaîne des Boutières sépare le bassin du Rhône de celui de la Loire, c'est-à-dire les eaux qui coulent à la Méditerranée de celles qui descendent à l'océan Atlantique. Le Mézenc, la plus haute sommité de cette partie de la France, sert aussi de limite à la Haute-Loire du côté du département de l'Ardèche.

La *superficie* du département de la Haute-Loire, qui a la forme d'un triangle scalène, est de 496,225 hectares. Sous ce rapport, c'est le 76e département de la France ; en d'autres termes, 75 sont plus étendus. Sa plus grande *longueur,* — de l'ouest à l'est, — est de 110 kilomètres environ ; sa plus grande *largeur,* — du nord-ouest au sud, — peut être évaluée à 87 kilomètres.

II. — Physionomie générale.

Le département de la Haute-Loire appartient au Plateau Central de la France, qui, vaste de 80,000 kilomètres carrés, s'étend des bords du Rhône aux premières eaux de la Charente. Considéré dans son ensemble et indépendamment de toutes les inégalités de détail et des massifs de volcans éteints qui en ont modifié le relief, ce Plateau est un plan incliné au nord-ouest et limité au sud et à l'est par un rebord en saillie. Sur le pourtour sud-est du grand Plateau se développent en demi-cercle une série de chaînes dont les Cévennes constituent la partie la plus importante : ces chaînes forment le faîte du toit continental pour le partage des eaux entre l'Océan Atlantique et la Méditerranée. C'est précisément du système orographique des Cévennes que dépendent les montagnes du département, dont les différentes chaînes, séparées entre elles par les vallées de la Loire, de l'Allier et du Lignon, vont se rattacher aux monts d'Auvergne. Ces chaînes sont, en allant de l'est à l'ouest : les Boutières, le Mégal, les monts du Velay, les monts de la Margeride et les monts du Luguet. L'ensemble du département a une altitude moyenne de 900 mètres. Ses vallées sont généralement resserrées; la plus large est celle de l'Allier aux environs de Brioude, où vient finir la Limagne d'Auvergne.

Le point culminant de la Haute-Loire, en même temps que celui de toutes les Cévennes, le mont Mézenc, se dresse au sud-est du département, sur la limite de l'Ardèche. Le **mont Mézenc** (1754 mètres d'altitude) se trouve à une trentaine de kilomètres en ligne droite au sud-est du Puy, sur la ligne de faîte d'entre Rhône et Loire. Cette belle montagne, dont on reboise les flancs, fut un centre d'éruptions plutoniques. Plusieurs cratères y vomissaient les trachytes, les phonolithes, les basaltes qui recouvrent aujourd'hui les granits, les gneiss et les couches de sédiments argileux, marneux, calcaires, etc., d'une partie de la Haute-Loire et de l'Ardèche. Un de ces cratères se reconnaît encore au sud du principal pic du Mézenc, à la *Croix-des-Boutières*.

« Le phonolithe qui compose le Mézenc et les cimes environnantes, dit M. Elisée Reclus, paraît être sorti de terre à l'état de grande fluidité, et s'être épanché très rapidement sur les pentes du plateau cristallin. Il en résulte que les cônes volcaniques ont, relativement aux roches antérieures qui les portent, une faible élévation. Les laves qui sont sorties du cratère du Mézenc, de texture assez inégale, ont été attaquées par les intempéries, de manière à se développer en une rangée de cônes distincts, que recouvre un sol blanchâtre où croissent des forêts de chênes et de sapins. »

Des trois immenses coulées dont le mont Mézenc semble être le centre originaire, l'une, celle du sud, s'étendant sur es monts du Tanargue, appartient à l'Ardèche; la seconde, recouvrant pendant quelque temps la chaîne des Boutières, est commune à l'Ardèche et à la Haute-Loire; la dernière, celle du Mégal ou Meygal, appartient tout entière à la Haute-Loire.

La **chaîne des Boutières**, qui sépare l'Ardèche de la Haute-Loire, et qui est en même temps ligne de faîte entre la Loire et le Rhône, se rattache, au nord, au mont Pilat et à la chaîne du Lyonnais. Revêtues de matières volcaniques jusqu'au delà de Saint-Clément-sous-Fay, les Boutières, dont les croupes doivent être en partie reboisées, élèvent leur principale arête à 1,000-1,200 mètres; le *Grand-Felletin*, à l'est de Saint-Julien-Molhesabate, a 1,590 mètres; le *Pyfara*, à l'est de Riotord, 1,383 mètres.

La chaîne des Boutières est séparée de celle du Mégal par la vallée du Lignon du Sud. La **chaîne du Mégal** ou *Meygal* ressemble, vue des hauteurs du Puy, à la chaîne des Pyrénées, tant elle a de pics aigus de forme originale. Sous ce rapport, elle contraste avec la chaîne du Velay, qui élève parallèlement, à l'ouest, ses longues croupes peu mouvementées. Séparant aujourd'hui le bassin du Lignon de celui de la Loire, le Mégal fut recouvert jadis par un courant de laves, d'une épaisseur moyenne de 150 mètres, qui s'étendit, suivant l'opinion de M. Poulett Scrope (*Géologie des volcans éteints de la France centrale*), sur une longueur de près de 60 kilomètres avec une largeur moyenne de 10 kilomètres, jusqu'au pied des hauteurs granitiques de la Chaise-Dieu. Le lit actuel de la Loire n'était pas encore creusé, et il a fallu bien des siècles à ce fleuve pour se frayer un passage entre le *mont Miaune* (1,069 mètres) et le Gerbizon; les cimes phonolithiques de ces deux montagnes, autrefois reliées par des assises granitiques et par un même lit de laves, sont maintenant séparées par des gorges profondes de 550 mètres. D'autres torrents ont aussi déchiqueté ce courant volcanique, qui semble avoir été le plus grand de la France et qui ne recouvre plus, sur la rive gauche du fleuve, que le mont Miaune et quelques autres sommets, près de Beauzac et du pic sur lequel s'élèvent les ruines du château de Roche-en-Regnier. Sur la rive droite, il ne forme une chaîne continue que jusqu'au delà du col du Pertuis, où passe la route du Puy à Yssingeaux, mais il revêt encore, jusqu'à la Loire et jusqu'au Lignon, de nombreuses cimes, tant dans les terrains tertiaires de Lavoute, de Saint-Vincent, de Beaulieu, de Rosières, que dans les terrains primitifs de Bessamorel et d'Yssingeaux, sur les bords de la Sumène, comme sur ceux de la Loire.

Peu de contrées sont aussi pittoresques que celle qui est renfermée entre la Loire et l'arête du Meygal. Les cimes les plus remarquables de cette région volcanique sont : les cônes de scories qui s'élèvent dans le bois de Breysse, près de Présailles, au sud-est du Monastier; le *mont Meygal* proprement dit, ou *Testoaire* (1,438 mètres), entre Queyrières et Champclause; le *pic de Lizieux* (1,591 mètres); le *mont Chanis* (1,254 mètres); le *mont Plaux* (1,033 mètres) et le *mont Peylenc* (923 mètres); le rocher qui porte, au-dessus de Coubon, les ruines du château de Bouzols; le *mont Saint-Maurice* (832 mètres), croupe puissante dominant, au sud, le confluent de la Gagne et de la Loire; le *mont Doue* (835 mètres), au-dessus de Brives-Charensac; le cône de scories du *mont Serre* (915 mètres), assis sur un plateau granitique au nord des gorges inférieures de la Sumène qui le sépare maintenant du plateau de la Chaux-le-Fay, couvert de laves qu'il a vomies jadis; le *Rand* (1,266 mètres); le *Suc du Pertuis* (1,100 mètres); les *monts Pidgier* (1,075 mètres), *Losegal* (1,130 mètres), *Gros* (1,178 mètres), *Jaurence* (1,189 mètres); les pics qui s'élèvent au-dessus de Lavoute-sur-Loire, de Beaulieu, de Rosières, de Mézères, de Saint-Julien-du-Pinet; le *mont Gerbizon* (1,049 mètres), etc.

Tout le pays entre la Loire et l'Allier est occupé par les **monts du Velay**, dont l'altitude moyenne est de 1,000 mètres. Si la contrée du Puy, l'une des plus originales du monde entier, est pleine de merveilles, le plateau qui se relève graduellement au sud vers les sources de l'Allier offre une désolante uniformité. Ce n'est qu'une immense plaine mamelonnée aux roches brûlées, mais d'une grande fécondité grâce à la décomposition des roches volcaniques, et en dépit des neiges qui s'amoncellent pendant six mois de l'année dans cette Sibérie méridionale, où il gèle souvent au mois de juin : de petits cônes, soit isolés, soit à demi engagés l'un dans l'autre, élèvent çà et là leurs roches noircies, restes des anciens volcans. En effet, la chaîne des monts du Velay, primitivement granitique, fut recouverte par les éruptions de plus de 150 cratères, groupés ou disséminés sur l'arête et ses deux versants entre la Chaise-Dieu et Pradelles, c'est-à-dire entre les deux extrémités nord et sud du département. Aussi nombreux que dans le Puy-de-Dôme, les volcans y sont moins bien conservés, à l'exception de quelques-uns, tels que le cratère, aujourd'hui lac, du Bouchet. Le *lac du Bouchet*, nappe d'eau circulaire (2,850 mètres de circuit, 900 mètres de largeur moyenne, 32 mètres de profondeur), est fort curieux à cause de son étonnante régularité : quelques géologues y voient non un cratère de laves, mais le vide produit par une prodigieuse bulle de gaz qui aurait éclaté à travers les roches. Le *lac de Limagne*, situé beaucoup plus au nord, aurait une origine semblable, quoiqu'il n'offre point la même régularité de contours que le lac du Bouchet. Il a été créé en 1865 au lac du Bouchet un établissement départemental de pisciculture pour l'acclimatation dans le département des poissons étrangers, à croissance rapide. Quant à l'ancien lac de Bar, actuellement vidé par la main de l'homme, il emplissait bien un véritable cratère : au lieu d'occuper, comme les autres lacs, un entonnoir ouvert dans l'épaisseur du plateau, il était soulevé au-dessus des plaines par le cône régulier d'un volcan, qui se dresse immédiatement au-dessus d'Allègre : il a

Le Puy.

suffi de percer une paroi pour en faire écouler les eaux dans la Borne. Le lac a été remplacé par une belle forêt de hêtres qui garnit les parois de la coupe du volcan.

Les principales cimes des monts du Velay sont, en partant du sud : les montagnes de Pradelles, hautes de 1,200 à 1,300 mètres; le *mont de Tartas* (1,348 mètres) ; la *Croix-de-la-Chèvre* (1,242 mètres), au sud-est du lac du Bouchet ; la cime (1,302 mètres) dominant, au sud, le même lac ; la montagne (1,400 mètres) entre le lac et Séneujols ; le mont Farnier (1,329 mètres), à l'est du lac ; le bois de l'Hôpital (1,423 mètres); le volcan de Bizac (1,116 mètres); la Durande (1,500 mètres), entre Saint-Bérain et le lac de Limagne ; la montagne du château de Siaugues-Saint-Romain (1,045 mètres); la montagne de Fix-Saint-Geneys (1,194 mètres); le volcan de la Denise (890 mètres), au nord-ouest du Puy ; le mont d'Ours (887 mètres), au sud-est du Puy ; le volcan de Saint-Geneys (1,111 mètres); le volcan de Courant (1,080 mètres); le puissant cratère isolé de Bar (1,167 mètres); les montagnes de la Chaise-Dieu (1,000 à 1,198 mètres; mont Collet, entre Berbezit et Saint-Pal-de-Murs).

Les gorges de l'Allier séparent les montagnes du Velay des escarpements boisés de la **Margeride**. La Margeride, chaîne granitique, à l'exception de petits îlots volcaniques dans les bassins de la Desges et de la Seuge, a arrêté d'une part les courants de laves vomis par les volcans du Velay, d'autre part ceux qui coulaient du Cantal et des monts d'Aubrac. Elle s'étend sur les trois départements du Cantal, de la Haute-Loire et de la Lozère et forme la plus grande partie de l'ancien Gévaudan. Ses bois immenses sont l'asile de nombreux loups, dont un a gardé, sous le nom de bête du Gévaudan, une sinistre renommée ; ils renferment des vallées et des gorges resserrées, sauvages et grandioses. L'arête peu mouvementée se présente de loin comme une immense croupe assombrie par les forêts. Les cimes les plus élevées dans la Haute-Loire sont : la *Croix-de-la-Gourdelle* (1,537 mètres), à l'est de Chanaleilles; la montagne (1,492 mètres) d'où descend la Seuge, au nord-ouest du même village; le *mont Chauvet* (1,486 mètres), à l'ouest de Grèzes; le *mont Mouchet* (1,465 mètres), près de Nozeyrolles; la montagne (1,497 mètres) située au sud-ouest de ce dernier.

Sur la rive droite de l'Alagnon, affluent de l'Allier, s'élèvent, hautes de 1,000 mètres, les ramifications des *monts du Luguet*, massif qui atteint son point culminant (1,555 mètres) dans le département du Puy-de-Dôme.

III. — Cours d'eau.

La Loire recueille toutes les eaux du département, soit directement, soit par son tributaire l'Allier.

La **Loire** est le plus long des fleuves entièrement français : malgré cela, ce n'est que le quatorzième ou peut-être le treizième fleuve de l'Europe pour la longueur de son cours; pour l'étendue du bassin, c'est le onzième. Elle a plus de 1,000 kilomètres de longueur, tous détours compris, et son bassin plus de 12 millions d'hectares, ce qui fait plus du cinquième, mais moins du quart de la France.

La Loire naît, à 1,373 mètres au-dessus des mers, dans le département de l'Ardèche, d'une montagne des Cévennes, le Gerbier de Joncs, cône phonolithique ayant 1,562 mètres d'altitude. En sortant du département de l'Ardèche, elle entre, bien faible encore, dans le département auquel elle a fait donner le nom de la Haute-Loire. C'est par la commune de Lafarre, à 26 kilomètres de sa source, et à 891 mètres environ d'altitude, que la Loire pénètre sur le territoire du département, à la sortie duquel elle n'est plus qu'à 414 mètres, ce qui donne une pente totale de 477 mètres pour un parcours de 102 kilomètres, parcours fort sinueux puisqu'il n'y a guère qu'une soixantaine de kilomètres à vol d'oiseau du Gerbier de Joncs à l'extrémité de la commune d'Aurec, point où le fleuve quitte le département de la Haute-Loire pour entrer dans celui de la Loire.

A son entrée dans le département, la Loire coule dans des

gorges charmantes; le fleuve, qui n'est qu'un joli torrent,
est dominé par de hauts escarpements basaltiques, et
les sites qu'il anime sont tantôt gracieux et riants, tantôt
déchirés et grandioses comme on peut se les figurer dans une
terre de feu qui fut jadis un prodigieux centre d'éruptions
volcaniques. Il passe près de Salettes, de Vielprat, d'Arlempdes, à Goudet, près de Solignac et de Cussac. Au-dessous
du confluent de l'Ourzie, la vallée s'élargit : c'est le délicieux
bassin de Coubon et de Brives. Au confluent de la Sumène,
au pied des grands rochers de Peyredeyre, commencent de
fort belles gorges où le chemin de fer de Saint-Étienne au Puy
s'est frayé un passage à force de travaux d'art. Ici la vallée
de la Loire, qu'ont envahie d'un côté les coulées du Velay,
de l'autre celles du Mézenc, s'est trouvée interrompue par des
barrages de laves d'une grande épaisseur. Le fleuve, dont les
eaux s'étalaient en lacs temporaires, a dû s'ouvrir un nouveau
lit à travers ces digues de basalte. Les magnifiques « portes »
creusées de Peyredeyre à Lavoute ont servi de passage à l'eau
qui remplissait autrefois le bassin du Puy.

A la base du rocher qui porte le château de Lavoute, les
gorges font place à un bassin plus large, qui se rétrécit à son
tour, à partir de l'établissement minéral de Serville, ou plu-
tôt à partir de Vorey. Là le fleuve s'engage entre le mont
Miaune et le mont Gerbizon, dans le défilé du Chambon et de
Chamalières : les nappes phonolithiques des deux montagnes,
qui autrefois se correspondaient exactement de chaque côté
de la gorge et ne formaient qu'une seule coulée, sont séparées
aujourd'hui par une coupure profonde de 500 mètres, que les
eaux de la Loire ont lentement excavée à travers les laves et
le granit. Au delà de la montagne escarpée que couronnent
les ruines du château d'Artias, s'ouvre la vallée de Retournac, à laquelle succède le défilé de Pont-de-Lignon. A l'embouchure de l'Ance du Nord, la plaine de Bas-en-Basset a
2 kilomètres de largeur, et la Loire y forme la grande île de
la Garenne, avant d'entrer dans les défilés dont elle ne doit
sortir que pour déboucher dans la plaine du Forez.

Château de Lavoute-sur-Loire

De sa sortie du département de la Haute-Loire jusqu'à la mer, la Loire traverse encore dix départements : la Loire, Saône-et-Loire, l'Allier, la Nièvre, le Cher, le Loiret où elle cesse de couler du sud au nord pour se porter de l'est à l'ouest, Loir-et-Cher, Indre-et-Loire, Maine-et-Loire et la Loire-Inférieure. Dans ce long trajet, elle baigne les villes de Roanne, Nevers, Cosne, Gien, Orléans, Blois, Amboise, Tours, Saumur, Ancenis et Nantes. Là, elle commence à se transformer en un estuaire qui acquiert successivement 2,500, 3,000, 4,000 mètres de largeur, puis se resserre à 2,000 mètres au point où elle entre dans l'Atlantique, à Saint-Nazaire, à 53 kilomètres en aval de Nantes.

La Loire est un fleuve capricieux. Au-dessus du point où la marée lui donne plus de profondeur et de régularité, et notamment en amont du confluent de la Maine, elle ne couvre son lit qu'à la suite des grandes pluies, des fontes de neige, au printemps et quelquefois en été. Alors elle est terrible, et peut rouler jusqu'à 10,000 mètres cubes d'eau par seconde, tandis qu'à l'étiage, c'est-à-dire aux eaux très basses, on la voit descendre à 25 mètres cubes par seconde devant Orléans, à 50 au-dessous du confluent de la Vienne. En somme, la moyenne de son débit, étiage et crues compris, est de 985 mètres cubes par seconde. Comme dans le département de la Haute-Loire, le fleuve coule généralement dans des gorges profondes, il n'exerce pas ici les ravages terribles qui en font le fléau de l'Orléanais, de la Touraine et de l'Anjou.

La Loire a pour affluents, dans le département de la Haute-Loire : le ruisseau d'Orcheval, l'Engoniole, la Méjeanne, le ruisseau des Fouragettes, l'Holme, le ruisseau des Ceyssoux, l'Ourzie, la Colanse, la Gagne de Cayres, la Laussonne, la Magnore, la Gagne du lac de Saint-Front, la Borne, la Sumène, le ruisseau de Chalon, celui de Beaulieu, le ruisseau de Rang, le Ramet, l'Arzon, le Ramel ou la Terrasse, le Lignon du Sud, l'Ance du Nord, le Piat et la Semène. En dehors du département, la Loire reçoit l'Allier.

Le *ruisseau d'Orcheval*, qui sert pendant tout son cours

de limite entre le département de la Haute-Loire et celui de l'Ardèche, débouche dans la Loire (rive droite) en amont d'Issarlès (Ardèche).

L'*Engoniole* (5 kilomètres dans le département), qui vient de la Lozère, rejoint la Loire en aval de Lafarre (rive gauche).

La *Méjeanne* naît dans le département de l'Ardèche, passe au château de Montbel, à Saint-Arcons-de-Barges et se perd dans la Loire en amont d'Arlempdes (rive gauche).

Le *ruisseau des Fouragettes* a son embouchure (rive gauche) en face de Goudet.

L'*Holme* descend des monts du bois de Breysse et se jette dans la Loire (rive droite) à Goudet.

Le *ruisseau des Ceyssoux* ou *Bèthe*, qui arrose une partie de la commune du Brignon, a son embouchure (rive gauche) à 5 ou 6 kilomètres en aval de Goudet.

L'*Ourzie* a son origine dans la commune de Cayres, au-dessous du lac du Bouchet, traverse la commune du Brignon, forme la jolie cascade de la Baume, haute de 30 mètres, et a son confluent (rive gauche) au-dessous du hameau de la Baume.

La *Colanse*, *Colense*, *Colempse* ou *Recoumène* (25 kilomètres) descend des hauteurs de Présailles, passe près du Monastier et se jette dans la Loire (rive droite) non loin de Chadron. Au pont d'Estaing, elle se grossit de la *Gazeille*, qui naît sur les pentes du Mézenc et passe aux Estables.

La *Gagne de Cayres* commence au pied des crêtes de Séneujols et tombe dans la Loire (rive gauche) un peu en amont de Cussac.

La *Laussonne* prend sa source près de Saint-Front, passe à Laussonne, à Chadron et rejoint la Loire (rive droite) près de Coubon.

La *Magnore* a son embouchure (rive droite) au pied du mont Saint-Maurice.

La *Gagne du lac de Saint-Front*, qui sort du charmant lac de ce nom, appelé aussi lac d'Arcône (*V.* p. 23), passe à Saint-Front, reçoit l'*Aubépin*, coule au pied du pic basaltique de

Servissac, l'un des plus réguliers de la Haute-Loire, et plus bas au pied de la Roche-Rouge, dyke basaltique isolé haut de 30 mètres et semblable à un obélisque, puis tombe dans la Loire (rive droite) entre Coubon et Brives-Charensac.

La **Borne** (48 kilomètres) se forme de deux cours d'eau qui se réunissent au-dessus de Lissac : la *Borne orientale*, qui naît à 1,060 mètres, dans la commune de Félines et passe au pied du cratère de Bar ; et la *Borne occidentale*, qui naît à Varennes, au pied d'un sommet de 1,089 mètres, et passe près d'Allègre. La Borne baigne le pied du château de la Roche-Lambert, Borne où tombe le *Bourbouillou*, Chazeaux où se jette le *ruisseau de Loudes*, Saint-Vidal, s'enfonce dans les gorges splendides des Estreys, reçoit à la sortie de ces gorges le *ruisseau de Vourzac* dont un affluent vient de former une jolie cascade, recueille le ruisseau de Ceyssac, passe au pied des Orgues et du rocher d'Espaly où tombe le *Riou Pézouilloux*, au Puy, au pied du rocher d'Aiguilhe, met en mouvement un grand nombre de moulins, reçoit le Dolezon, passe sous le chemin de fer de Saint-Étienne et se jette dans la Loire à 4 kilomètres du Puy. — Le *Dolezon* descend des montagnes (900 à 1,050 mètres) de Saint-Christophe, forme la cascade de la Roche, baigne un délicieux vallon, et passe à Vals.

La *Sumène* (26 kilomètres) naît dans le Mégal, près de Monedeyres, commune de Queyrières, passe près de Saint-Julien-Chapteuil et de Saint-Pierre-Eynac, au pied des splendides escarpements basaltiques du Peylenc, s'enfonce, au-dessous de Blavosy, dans des gorges d'un grand caractère, et tombe dans la Loire (rive droite) au pied des immenses rochers de Peyredeyre.

Le *ruisseau de Chalon*, qui vient de Saint-Paulien, mêle ses eaux à celles de la Loire (rive droite) dans les gorges de Lavoute.

Le *Beaulieu*, appelé aussi la *Suissesse*, sort des bois du Pertuis, passe près de Rosières et de Beaulieu, reçoit, à gauche, les *ruisseaux de Roudesse* et de *Courbeyre*, et débouche dans la Loire (rive droite) en amont de Lavoute.

Dyke et ruines d'Espaly.

Le *ruisseau de Rang* a son embouchure (rive droite), comme le *Ramet* (rive gauche), en amont de Vorey.

L'*Arzon* (43 kilomètres), ruisseau peu important, naît dans des montagnes de 1,156 mètres (Puy-de-Dôme), entre dans la Haute-Loire, passe au pied de Craponne, à Beaune, à Chomelix, s'enfonce dans de profondes gorges et se perd dans la Loire (rive gauche) à Vorey.

Le *Ramel* ou la *Terrasse* est un torrent originaire des monts du Mégal, près de Queyrières : il passe, sous le nom de *ruisseau du Truisson*, à Bessamorel, s'enfonce dans des gorges profondes, et se jette dans la Loire (rive droite) en amont de Pont-de-Lignon.

Le **Lignon** (84 kilomètres) est appelé aussi *Lignon du Sud*, pour ne pas être confondu avec le Lignon du Nord (département de la Loire), chanté par le marquis d'Urfé dans son roman de *L'Astrée*. Son bassin est le plus important du département après ceux de la Loire et de l'Allier. Il descend du mont Mézenc, commune de Chaudeyrolles, baigne Fay-le-Froid avant de se grossir du *ruisseau des Merles*, passe au Chambon, reçoit le *ruisseau de la Chèze*, baigne Tence où débouche la *Sérigoule*, se grossit du *Trifoulon*, du *ruisseau de Mousse*, de l'*Auze* (qui descend du pic de Lizieux, haut de 1,395 mètres, et passe à Araules), de la *Siaulme*, qui passe au pied d'Yssingeaux, de la Dunières, coule dans des gorges très pittoresques, profondes de plusieurs centaines de mètres, et tombe dans la Loire (rive droite) au hameau de Confolent, au sud de Monistrol, en face de la station de Pont-de-Lignon. — La *Dunières*, l'affluent le plus important du Lignon, est formée par la jonction du *Riotord* et du *Gournier*, au-dessus du bourg de Dunières ; elle serpente au fond d'une vallée sauvage.

L'*Ance du Nord* a 65 kilomètres de longueur, en partie dans le département du Puy-de-Dôme, où elle a ses sources dans les monts du Forez, hauts ici de 1,450 mètres, au sud-sud-est de Pierre-sur-Haute, en partie dans le département de la Haute-Loire, où elle a son embouchure (rive gauche) au-

dessus de Bas-en-Basset, en face de Monistrol. Elle entre dans
la Haute-Loire après avoir reçu la Ligonne, coule dans les
gorges souvent très boisées que dominent les ruines du château de Chalancon et reçoit l'Andrable (rive gauche). On l'appelle Ance du Nord pour la distinguer d'une autre Ance,
l'Ance du Sud, tributaire de gauche de l'Allier. — L'*Andrable*
naît à Ferréol (Puy-de-Dôme), dans un contre-fort du Forez
(1,128 mètres), entre dans la Loire, baigne Estivareilles, et
passe dans la Haute-Loire, où il coule dans des gorges très profondes.

Le *Piat* naît près du Villard, au pied d'une colline de
792 mètres, passe à Monistrol et se perd dans la Loire (rive
droite) au-dessous de la grande île de la Garenne.

La *Semène* naît dans un contre-fort du Pilat, dans le département de la Loire, entre dans la Haute-Loire, passe au pied
de Saint-Didier-la-Séauve et de Saint-Ferréol-d'Auroure et se
perd dans la Loire (rive droite) en aval d'Aurec. Cours, 45 kilomètres dans une vallée sauvage et pittoresque.

L'Allier est un des principaux cours d'eau de la France.
Long de 575 kilomètres, il arrive à la Loire avec une largeur
de 200 à 500 mètres, et avec une masse d'eau de 25 mètres
cubes par seconde dans les eaux basses, de 115 mètres aux
eaux moyennes, de 6,000 mètres en grande crue; aussi est-il
plus abondant que la Loire, sinon par les crues et dans les
eaux moyennes, au moins pendant la saison des sécheresses.

L'Allier commence dans le département de la Lozère, à
1,423 mètres au-dessus des mers, un peu plus haut que la
Loire, dont la source est à 1,373 mètres d'altitude. Quand il
atteint la Haute-Loire, il a déjà parcouru 40 kilomètres environ. Avant d'y entrer, il sépare le département de la Lozère
de celui de l'Ardèche, puis la Lozère de la Haute-Loire. Ses
eaux ont été fréquemment endiguées par les courants de laves
qui ont changé le profil de sa vallée; repoussé à l'est vers les
montagnes de la Margeride, dont il lui était difficile d'entamer
les roches compactes, il est graduellement revenu dans son

ancien lit en rongeant les laves moins dures qui l'obstruaient, et c'est ainsi que la rivière a mis à nu, en plusieurs parties de son cours, mais surtout de Monistrol à Langeac, de superbes rangées de colonnes basaltiques. Ces coulées se prolongent jusque dans le lit de la rapide rivière et le traversent même en certains endroits, dans des gorges dont la profondeur va jusqu'à 500 mètres et qui sont les plus remarquables de la Haute-Loire. Ces gorges, depuis Langeac jusqu'au delà de Langogne, sont suivies par le chemin de fer de Paris à Nîmes.

Les localités baignées par l'Allier sont peu nombreuses, à cause de la profondeur de la vallée, de son étroitesse et de la rapidité de ses versants. Celles qu'on rencontre sont bâties au débouché de vallons latéraux : telles que Vabres, Monistrol, Prades, Saint-Julien-des-Chazes, Saint-Arcons et Chanteuges. En aval, la vallée est moins resserrée. La rivière baigne Langeac, Reilhac, Chilhac, Lavoute-Chilhac, Saint-Ilpize ; puis elle passe sous le pont de Vieille-Brioude, et, sortant définitivement des gorges, entre dans la vaste plaine de Brioude : elle n'arrose pas cette ville, mais elle en passe à 1,500 mètres à l'ouest. L'Allier pénètre dans le département du Puy-de-Dôme un peu en amont de Brassac, à Vézézoux, par 390 mètres d'altitude ; elle y entre par 722 mètres, ce qui donne une pente de 332 mètres pour le parcours de l'Allier dans le département de la Haute-Loire.

Dans le Puy-de-Dôme, l'Allier coule devant Issoire, arrose la plaine de la Limagne, célèbre par sa fertilité, et laisse au loin dans la plaine, à gauche, les villes de Clermont-Ferrand et de Riom. Dans le département de l'Allier, il baigne Vichy et Moulins, sépare le Cher de la Nièvre, et s'unit à la Loire au Bec-d'Allier, à 6 ou 7 kilomètres en aval de Nevers, par 112 mètres d'altitude.

Dans le département de la Haute-Loire, l'Allier est flottable à partir de Saint-Arcons et navigable à partir de Fontanes ; il y reçoit le ruisseau d'Arquéjols, celui des Empèzes, le Chapeauroux, le ruisseau de Malaval, l'Ance du Sud, la Seuge, la Fioule, la Desges, le ruisseau de Tailhac, la Ramade, la Gronce, l'Avesne ou la Davine, le Céloux, la Senouire, la Vendage, le ruisseau d'Auzon, l'Estantole, la Leuge, et, hors du département, l'Alagnon et la Dore.

Le *ruisseau d'Arquéjols*, grossi du *ruisseau de la Combe*, a son embouchure (rive droite) en aval de Saint-Étienne-du-Vigan.

Le *ruisseau des Empèzes*, affluent de droite, a sa vallée creusée dans la commune de Rauret.

Le *Chapeauroux*, qui naît dans la Lozère, au pied du signal de Randon (1,554 mètres), point culminant de la Margeride, n'a que son embouchure (rive gauche) dans le département de la Haute-Loire.

Le *ruisseau de Malaval* se jette dans l'Allier (rive droite) près de la gare d'Alleyras.

L'*Ance du Sud* a son origine dans la Margeride, au pied du Roc des Fenêtres (1,484 mètres), commune de la Panouse (Lozère). Dans la Haute-Loire, elle baigne Saint-Préjet-d'Allier, et se jette dans l'Allier (rive gauche) à Monistrol (583 mètres). Cours, 40 kilomètres dans des gorges extrêmement pittoresques. — L'Ance reçoit, par la rive gauche, le *Panis*, qui baigne Vazeilles et Croisance, et la *Virlange* ou *Verdicange*, rivière de Chanaleilles.

La *Seuge* (33 kilomètres) prend ses sources dans la Margeride, à 4 kilomètres de Chanaleilles, au pied d'un mont de 1,492 mètres, coule dans une vallée boisée qu'on appelle quelquefois la Suisse de la Haute-Loire, passe à Saugues, où elle reçoit le *ruisseau de Pontajou* descendu aussi de la Margeride, forme, à 4 kilomètres de Saugues, la cascade de Luchadou et tombe dans l'Allier à Prades (rive gauche), par 548 mètres d'altitude.

La *Fioule* descend des hauteurs boisées de sapins de Fix-Saint-Geneys (1,194 mètres), reçoit le *ruisseau de Siaugues-Saint-Romain* sorti du lac de Limagne, coule dans les gorges de Vissac et se jette dans l'Allier (rive droite) à Saint-Arcons.

La *Desges* ou *Dège* prend ses sources dans les monts de

la Margeride, au pied du mont Chauvet (1,486 mètres), commune de Paulhac (Lozère), passe à la Beysseyre, à Nozeyrolles, à Desges où tombe la *Gourgoueyre* venue des monts de la Margeride (Cantal), à Chazelles, à Pébrac et tombe dans l'Allier (rive gauche) à Chanteuges. Cours, 38 kilomètres, dans une très profonde vallée.

Le *ruisseau de Tailhac*, qui vient de la commune de ce nom, a son embouchure (rive gauche) un peu en amont de Langeac.

La *Ramade* ou *Peyrusse* descend des montagnes de Pinols (Margeride), hautes de 1,061 mètres, coule dans des gorges très profondes et très pittoresques et se jette dans l'Allier (rive gauche) au-dessus de Chilhac.

La *Gronce* descend des forêts de la Margeride, haute, dans ces parages, de 1423 mètres (Cantal), entre dans le département de la Haute-Loire, coule dans une vallée profonde de 300 à 400 mètres, contourne la forêt de Combeneyre et se jette dans l'Allier (rive gauche) en amont de Lavoute-Chilhac.

L'*Avesne* ou la *Davine*, qui vient de Saint-Austremoine, reçoit les *ruisseaux de Serre* et *de Routière*, avant de se perdre dans l'Allier (rive gauche) à Lavoute-Chilhac.

Le *Céloux* naît, au sud de Céloux, dans les plateaux de la Margeride, élevés, dans ces parages, de 1,070 mètres (Cantal), entre dans le département de la Haute-Loire, y coule dans une gorge profonde, passe à Saint-Just et tombe dans l'Allier (rive gauche; 433 mètres d'altitude) au pied de l'arche du pont de Vieille-Brioude.

La *Senouire* (56 kilomètres) a son origine au bas de la montagne de la Chaise-Dieu (1,115 mètres), qu'elle contourne, arrose Saint-Pal-de-Murs (841 mètres), Saint-Étienne-près-Allègre, passe au pied de Mazeyrat (575 mètres), près de Paulhaguet, à Domeyrat où elle reçoit le Doulon, près de Frugères-le-Pin, à Lavaudieu, et se perd dans l'Allier (rive droite) entre Brioude et Vieille-Brioude, par 420 mètres.—Le *Doulon* (36 kilomètres) sort, à 1 kilomètre de Saint-Germain-Lherm (Puy-de-Dôme), d'un lac situé à 1,043 mètres, baigne Saint-

Vert, Laval, Saint-Didier, Vals-le-Chastel et reçoit la *Prades*.

La *Vendage*, affluent de gauche, passe à Paulhac, près de Beaumont et de Saint-Ferréol.

Le *ruisseau d'Auzon*, affluent de droite, baigne Auzon.

L'*Estantole* a son embouchure à 1,500 mètres en aval du cours d'eau précédent, et sur la même rive.

La *Leuge*, que dominent les villages de Bournoncle et de Vergongheon, débouche dans l'Allier par la rive droite, à la limite du département du Puy-de-Dôme.

L'**Alagnon**, charmant torrent qui roule, suivant la saison, 2 mètres cubes et demi à 550 mètres cubes par seconde, vient du massif du Cantal. Après avoir passé, dans le département de ce nom, au pied de Murat et à Massiac, il entre dans le département de la Haute-Loire un peu en amont de Grenier-Montgon, à la Chapelle-Alagnon, passe près de Blesle, de Torsiac, de Léotoing et à Lempdes. Puis il entre dans le Puy-de-Dôme, où il atteint l'Allier (rive gauche) à la station du Saut-du-Loup, par près de 400 mètres d'altitude, après avoir fait, de sa source à son embouchure, le plus bel ornement d'une vallée remarquablement pittoresque, tantôt fraîche et charmante, tantôt nue, rocheuse et austère. Cours, 86 kilomètres, dont 18 dans la Haute-Loire. — L'Alagnon reçoit, dans le département : à Grenier-Montgon, (rive droite) le *ruisseau de Montgon*; près de la gare de Blesle, (rive gauche) la *Sionne* (30 kilomètres), qui naît dans les montagnes du Cézallier (Cantal), et la *Vaucenge*, qui passe près de Saint-Étienne et à Blesle ; près du hameau de Brugeilles, (rive gauche) la *Bave* ; en face de Léotoing, (rive gauche) l'*Auze* et la *Roche*.

La *Dore*, affluent de droite de l'Allier, ne touche point le département de la Haute-Loire ; elle en reçoit seulement un ou deux ruisseaux.

Lacs. — Outre le lac du Bouchet, dont nous avons parlé ci-dessus (*V*. p. 8), nous citerons le *lac* circulaire *de Saint-Front* ou *d'Arcône* (3 kilomètres de circonférence, 8 à 10 mètres de profondeur, 50 hectares de superficie), situé à 1,252 mètres d'altitude, peuplé de truites et de tanches, et qui donne naissance au ruisseau de Gagne, affluent de la Loire ; le *lac de l'Œuf* (canton de Loudes), qui n'est plus guère qu'un marais, de même que celui *de Limagne* (commune de Siaugues-Saint-Romain). — Les cantons de Paulhaguet et de la Chaise-Dieu renferment quelques étangs.

IV. — Climat.

Bien que situé à peu près à égale distance du Pôle et de l'Équateur, le département de la Haute-Loire est dans son ensemble un pays froid, à cause de l'élévation de la plupart des lieux habités et de l'éloignement de la mer, qui a le privilège de rendre les climats plus égaux et plus doux. La différence des altitudes minima et maxima de son territoire étant de 1,384 mètres, le climat varie d'une commune à l'autre ; quelques kilomètres et quelquefois quelques centaines de mètres de distance, créent de grandes différences de niveau. Les grandes vallées sont ouvertes vers le nord, et les hauts plateaux, qui prédominent, sont battus par tous les vents, dont le plus funeste, le vent du sud, appelé *vent blanc* quand il n'amène pas l'orage, est le fléau des champs de céréales.

Dans la région des hautes montagnes, « dans ces régions quasi alpestres, dit M. H. Malègue (*Guide de l'étranger dans la Haute-Loire*), la neige, fouettée par les vents, vole en tourbillons, puis s'amoncelle, encombre les voies de communication, multipliées, rectifiées, élargies et jalonnées de poteaux indicateurs, couvre parfois les chaumières des pauvres montagnards, prisonniers des mois entiers dans leurs demeures, et, par son séjour prolongé, par l'intensité du froid, rend toujours difficiles, souvent impossibles, parfois dangereux les rapports administratifs et commerciaux.» Les hauts sommets attirent aussi les orages, la grêle et les pluies torrentielles, qui fréquemment en été ravagent les vallées.

Dyke et église Saint-Michel d'Aiguilhe.

« Toutefois le climat de Brioude et de sa vaste plaine, des
vallons de Langeac, Prades, Cussac et Coubon, des trois riants
coteaux qui forment le riche petit bassin du Puy, de la plaine
de l'Emblavès et des oasis si heureusement abritées de Retournac, Bas, Aurec, etc., est très tempéré et même relativement assez doux.»

La hauteur annuelle des pluies est de 60 centimètres vers
Brioude, dans la plaine de l'Allier ; de 66 au Puy, de 80 à
l'est d'Yssingeaux, de 100, 120, 150, 180 à mesure qu'on se
rapproche du Mézenc.

V. — Curiosités naturelles.

Le département de la Haute-Loire est certainement l'un
des plus curieux de la France. La contrée du Puy, une des
plus originales du monde entier, est pleine de merveilles : la
gorge et la cascade des Estreys, la vallée de la Borne, les rochers de Ceyssac et d'Espaly, le dyke basaltique de Saint-Michel, le rocher Corneille, le vallon du Dolezon et la cascade
de la Roche, la cascade de la Baume, la vallée de la Loire,
celle de l'Allier et leurs *orgues* ou colonnades basaltiques,
le rocher de Bouzols, la Roche-Rouge, Servissac, les gorges de la Sumène et le formidable rocher de Polignac,
où veillait une des plus terribles forteresses du moyen
âge, ruine aujourd'hui, mais ruine grandiose qui s'im-
pose aux regards de tous les points de l'horizon. En avant de
cette ruine est la montagne de la Denise, avec ses deux rangées superposées de colonnes basaltiques, la Croix-de-la-Paille
et les Orgues d'Espaly. Dans cette montagne, M. Aymard,
le savant archiviste de la Haute-Loire, a découvert, sous les
scories et sous les cendres, les ossements d'animaux vivant à
l'époque où les volcans de la contrée étaient en éruption :
mammouths, paléothériums, rhinocéros, tapirs, etc.

Parmi les *volcans éteints*, les plus remarquables sont ceux
du Bouchet et de Bar (*V.* p. 8).

La montagne du Mézenc est célèbre par ses paysages

alpestres, ses beaux pâturages et l'admirable panorama qu'offre
son sommet.

VI. — Histoire.

Le pays qui est devenu le département de la Haute-Loire
était occupé jadis par cinq peuplades : les *Vellavi*, peuple qui
a donné son nom au Velay et qui était client des Arvernes ;
les *Gabales* (Gévaudan), les *Heldes* ou *Helviens* (Vivarais), les
Ségusiaves ou *Ségusiens* (Forey) et les *Arvernes* (Auvergne).
Ruessio, aujourd'hui Saint-Paulien, était la capitale des Vellavi ;
mais, à la fin du sixième siècle, ce titre passa à *Anicium* (le
Puy), lorsque saint Vosy, évêque du Velay, eut transféré dans
cette ville son siège épiscopal. Le nom d'Anicium s'est perpétué
dans celui de la montagne, le mont Anis, sur les flancs de
laquelle est bâti le chef-lieu du département. Les Vellavi,
pâtres ou chasseurs quand ils n'étaient pas en guerre avec
leurs voisins, habitaient-ils des cabanes, ou bien les nombreuses grottes creusées de main d'homme que l'on rencontre
dans le département ? Ces grottes sont-elles contemporaines
de ce peuple, sont-elles antérieures ou postérieures ? Nul ne le
sait, et peut-être ne le saura-t-on jamais.

Après la conquête de la Gaule par César, Auguste rendit
les Vellavi indépendants des Arvernes. Leur pays, *civitas
Vellavorum*, fut compris dans la première Aquitaine. Comme
partout ailleurs, la civilisation latine adoucit les mœurs de
ces barbares. Ruessio, *Icidmago* (Yssingeaux), *Condate*
(Saint-Privat), s'embellirent de temples, de palais, de
cirques, d'aqueducs, et des villes luxueuses s'élevèrent
dans le pays conquis. Des voies furent ouvertes dont la
principale conduisait de *Lugdunum* (Lyon) vers l'extrémité
de l'Aquitaine ; il en subsiste de nombreux vestiges, appelés
Via Boulena (*Via Bolena*), dans les communes de Saint-Geor-
ges-l'Agricol, Saint-Geneys, Saint-Paulien, Sanssac-l'Église.

Malgré les obstacles naturels qu'offrait le relief tourmenté
de son sol aux envahisseurs, le Velay fut, dans les dernières

années de l'Empire romain, ravagé par les Barbares. Les Vellavi résistèrent aux Burgondes, qui toutefois mirent à sac la ville de *Brivas* (Brioude), et les chassèrent de leur territoire. Mais les Visigoths, qui succédèrent aux Burgondes, parvinrent, en 472, à réduire sous le joug non seulement le Velay, mais aussi l'Auvergne ou pays des Arvernes, le Gévaudan et le Vivarais. Le Velay fut administré par un comte, qui relevait du gouverneur de l'Aquitaine.

A la suite de la bataille de Vouillé (507), remportée par Clovis sur Alaric, roi des Visigoths, qui périt dans l'action, le Velay passa sous la domination franque. En 511, il fut englobé dans les états du roi d'Austrasie, puis dans la monarchie française lorsque Clotaire II, par l'assassinat de Brunehaut et de ses petits-fils, eut réuni entre ses mains toutes les possessions de sa dynastie (613). De cette année à l'année 877, le Velay fut distrait plusieurs fois des possessions de la Couronne pour servir d'apanage à des princes du sang.

Le christianisme avait été apporté dans le pays, vers le milieu du troisième siècle, par saint Georges, le premier de ces prélats du Velay dont le pouvoir temporel fut si considérable pendant le moyen âge. Il fut remplacé, à la mort de saint Georges, par saint Marcellin. Un de leurs successeurs donna son nom à la ville de Saint-Paulien. Le martyre de saint Julien, venu de la Viennoise, et égorgé à Brioude, où une basilique s'éleva sur son tombeau, ne fit qu'affermir et répandre la foi nouvelle. Partout les temples païens disparurent pour faire place aux sanctuaires du nouveau culte. Au sixième siècle, l'église de Brioude jouissait d'une grande réputation et attirait un immense concours de pèlerins. La chapelle du Haut-Solier, à Saint-Paulien, bâtie avec les matériaux d'un temple consacré au soleil, et surtout l'oratoire bâti sur le mont Anis, à la suite d'une apparition de la Vierge, attirèrent aussi de nombreux fidèles. Les abbayes se fondèrent et se multiplièrent. Le Monastier a dû son nom actuel à l'ancienne abbaye bénédictine de Saint-Théofrède ou de Saint-Chaffre, fondée vers 680 par Calmin ou Calminius, duc d'Auvergne. Blesle et Lavaudieu

Église Saint-Julien, à Brioude.

ont aussi possédé des monastères du même ordre. La célèbre abbaye de la Chaise-Dieu a dû son origine (1056) à saint Robert ; signalons aussi le prieuré de Chanteuges, qui en dépendait, le prieuré cluniste de Lavoute-Chilhac, etc.

Notre-Dame du Puy était tellement célèbre au moyen âge, qu'on voit, en 1062, Bernard Ier, comte de Bigorre, mettre son comté sous la protection de Notre-Dame du Puy, en constituant une rente annuelle et perpétuelle de 60 sols morlans, à payer, par lui et par ses successeurs, au chapitre de cette église. Cette donation eut plus tard une grande importance dans l'histoire de la possession du comté, et le premier acte des prétendants fut d'acquitter la rente consentie par le comte Bernard, afin de se faire reconnaître comme légitimes possesseurs de la terre de Bigorre.

Au treizième siècle, cet hommage se renouvelle. A la mort d'Esquivat, comte de Bigorre (1284), le roi d'Angleterre, duc de Guyenne, voulant s'emparer de son riche héritage, s'empressa de faire hommage du Bigorre à l'église de Notre-Dame du Puy et d'acquitter la rente consentie par Bernard Ier, tandisque les États de Bigorre reconnaissaient comme comtesse Constance, fille aînée de Gaston VII de Béarn. Mais le roi de France Philippe le Bel, représentant les droits de sa femme, Jeanne de Navarre, suscita le chapitre de Notre-Dame du Puy à attaquer devant le parlement de Paris, comme entaché de nullité, le contrat fait avec le roi d'Angleterre et refusa de recevoir l'hommage de Constance de Béarn. Le parlement prononça le séquestre, et le comté fut mis sous la main du roi de France, qui en devint possesseur provisionnel. Philippe le Bel racheta au chap⁀du Puy, moyennant une rente annuelle et perpétuelle de 500 livres tournois, les droits de suzeraineté que le chapitre pouvait avoir sur le comté, et, après avoir fait faire, en l'an 1300, une enquête sur la valeur du Bigorre, prêta serment d'observer les fors et coutumes.

Le Velay prit une part importante à la première croisade L'élite de ses chevaliers et de ses citoyens partirent en 1096, sous la conduite de Raymond, comte de Toulouse, et d'Adhémar de Monteil, évêque du Puy. Ce fut Adhémar qui, le premier, prit des mains du pape la croix de drap ou de soie rouge qui servit à distinguer les croisés.

Les évêques du Velay, riches et puissants, ne relevaient depuis 1051 que du Saint-Siège ; ils étaient devenus, déjà vers la fin du douzième siècle, les comtes du Puy ou les premiers seigneurs du Velay. Parfois en rébellion contre le roi (1192), ils eurent aussi à se défendre contre les *conjurations* des habitants du Puy, impatients d'entreprises qu'ils regardaient comme des envahissements sur leurs prérogatives municipales, depuis que le roi Louis le Gros, en 1134, avait étendu la domination seigneuriale de l'évêque, du *burgus* ou *castrum* dit *Anicium*, à la cité tout entière. Mais les rivaux les plus redoutables, pour les prélats comme pour les habitants du Velay, furent ces vicomtes de Polignac, coureurs de grands chemins, qui se signalèrent par leurs rapines et leurs brigandages.

L'une des causes principales de la rivalité des évêques et des grands vicomtes, dit M. A. Jacotin (*Mémoires de la Société des sciences, de l'industrie et des arts de la Haute-Loire*), fut le droit de battre monnaie, droit que le roi Raoul, après la soumission de Guillaume II, duc d'Aquitaine et comte d'Auvergne et du Velay, avait concédé en 924 à l'évêque Adalard et que les seigneurs de Polignac partagèrent dans la suite. Dès le milieu du douzième siècle (1169), Pons de Polignac et son fils Héracle revendiquèrent, les armes à la main, les droits que l'évêque du Puy leur contestait. Le roi de France, Louis le Jeune, dut intervenir ; il emmena prisonniers Pons et son fils, et la lutte ne se termina qu'en 1173 par une transaction d'après laquelle l'évêque et le vicomte devaient jouir par moitié des « droits de monnoie » et de la « *leyde* » de la ville du Puy.

Les querelles des évêques du Puy et des sires de Polignac, les guerres féodales et surtout les courses dévastatrices des Brabançons ou Routiers, vrais brigands de grands chemins, avaient répandu partout une terreur si profonde que nul n'osait s'aventurer hors de son village, ni même hors de sa maison; les foules n'accouraient plus aux cérémonies religieuses, et, aux plus belles solennités, les sanctuaires de Notre-Dame demeuraient presque déserts. Les plus riches bourgeois de la ville avaient même fortifié leurs demeures et n'en sortaient que le plus rarement possible, toujours bien armés. Cet état de choses provoqua, dans la seconde moitié du douzième siècle, une nouveauté qui alors parut étrange et qui étonnerait moins de nos jours : une véritable ligue de la paix, avec sa caisse entretenue par les cotisations annuelles des membres, et avec ses hommes prêts à marcher contre quiconque provoquait une guerre ou se livrait au pillage. Il y eut dans cette ligue des moines, des prêtres et même des prélats, qui étaient dispensés de prendre les armes et dont le rôle se bornait à prier. Cette association fut, en effet, toute chrétienne, et en cela elle était de son temps. Elle portait aussi le cachet local : née au Puy, elle se forma sous le patronage de la Mère de Dieu; son but immédiat fut même de rendre aux antiques fêtes de la Vierge l'éclat dont elles avaient brillé si longtemps et que les calamités publiques menaçaient d'éteindre.

Le promoteur de l'association fut un charpentier nommé Durand d'Ort; mais, si l'on croit l'auteur de la Chronique de Laon, ce pauvre charpentier n'aurait été que l'instrument d'un chanoine du Puy, qui s'entendit avec un jeune homme pour simuler une apparition de la Vierge. Quoi qu'il en soit, Durand se présenta à son évêque, vers la fin de l'année 1182, et lui assura avoir reçu d'en haut l'ordre de prêcher la paix et de menacer des malédictions divines non seulement ceux qui la troubleraient, mais encore ceux qui ne travailleraient pas de leur personne à la conserver ou à la rétablir. Il dit encore avoir reçu le modèle d'un vêtement, assez analogue à un scapulaire, que devaient porter les adhérents, et sur lequel devait être brodée ou attachée une image de la Vierge Marie, avec cette inscription : *Agneau de Dieu qui effacez les péchés du monde, donnez-nous la paix.* L'évêque l'accueillit d'abord

froidement; bientôt voyant que le nombre des associés crois-
sait tous les jours, il promulgua, du haut de la chaire, à la
fête de l'Assomption suivante, les statuts de la confrérie, dite
dès lors des *Capuciés* ou des *Chaperons-Blancs*, à cause de
ses vêtements. A ce moment déjà, les adhérents ne se comp-
taient plus; il y en avait dans le Velay, le Gévaudan, le Vivarais, dans toute l'Auvergne : on en voyait jusqu'en *France*,
c'est-à-dire dans le domaine royal. Déjà s'était manifestée
leur force. Les associés auvergnats marchèrent contre les
Routiers, riches alors de leurs pillages et des riches présents
que leur avait faits le roi Henri II d'Angleterre, aux dépens des
abbayes du Poitou et du Limousin. Ils les atteignirent dans le
Berry et leur tuèrent, dans la mêlée, plus de 7,000 hommes,
sans perdre, assure la chronique, aucun des confrères. Les
associés du Velay, stimulés par la nouvelle de ces faits d'armes,
cherchèrent à leur tour quelque compagnie de Brabançons; ils
rencontrèrent facilement une troupe de ces pillards, comman-
dés par un certain Corberand, et la taillèrent en pièces :
9,000 cadavres jonchèrent le champ de bataille; Corberand
et 500 des siens, prisonniers, furent pendus.

Un instant on dut croire qu'une ère pacifique allait s'ouvrir
pour la France. « Partout à la ronde, les seigneurs étaient dans
la crainte, n'osant exiger de leurs vassaux que ce qui était
équitable, au lieu de les rançonner à merci. » Malheureusement
les disciples de Durand ne se contentèrent pas du rôle de jus-
ticiers et de pacificateurs qu'ils s'étaient d'abord assigné;
fiers de leur nombre et de leurs succès, ils voulurent s'af-
franchir, pour leur compte, de toute espèce de soumission et
de redevance. Aussi, le roi Philippe Auguste, qui les avait
d'abord favorisés, et un grand nombre de seigneurs, ordon-
nèrent à leurs sujets de se détacher de la Ligue. De leur côté,
les Brabançons, irrités de leurs récents désastres et plus encore de tout ce qui tendait à éloigner les guerres dont ils vi-
vaient, réunirent leurs forces sous la direction de leur prin
cipal chef, Lupar, un vrai potentat avec lequel les rois eux-
mêmes devaient compter. La rencontre eut lieu sur les con-

fins du Limousin et de l'Auvergne ; les Capuciés furent taillés en pièces, et ceux qui échappèrent au massacre, n'inspirant plus aucune crainte, brisèrent leurs engagements avec la ligue, dont bientôt on n'entendit plus parler.

Lorsque arrivèrent les Grandes Compagnies, le Velay en fut débarrassé par Du Guesclin, que les consuls du Puy aidèrent de subsides et d'envois de troupes, d'armes, de vivres et de munitions.

Au quinzième siècle, les Bourguignons du sire de Rochebaron assiégèrent inutilement le Puy, qui était resté fidèle au roi, comme tout le Velay. Cette ville eut deux nouveaux sièges à soutenir contre les protestants, pendant les guerres de religion, en 1562 et en 1585, et fut presque toujours occupée par les Ligueurs, qui s'emparèrent de presque toutes les places du Velay et ne se soumirent à l'autorité de Henri IV que plusieurs années après l'avènement de ce prince.

L'apparition de Mandrin dans le pays au dix-huitième siècle est le dernier fait notable que mentionnent les annales du département de la Haute-Loire.

VII. — Personnages célèbres.

Onzième siècle. — EUSTACHE D'AGRAIN suivit, à la première croisade, Raymond, comte de Toulouse, et devint vice-roi de Jérusalem. — RAYMOND D'AGILES OU D'AIGUILHE, historien de la première croisade.

Douzième siècle. — PONS DE CAPDUEIL, troubadour, mort à la troisième croisade, où il avait suivi Philippe Auguste. — GUILLAUME DE SAINT-DIDIER, troubadour.

Treizième siècle. — PIERRE CARDINAL, troubadour, mort vers 1305.

Quinzième siècle. — GILBERT DE LA FAYETTE (1380-1462), maréchal de France, battit l'armée anglaise à Beaugé en 1421. — GUILLAUME TARDIF, érudit, lecteur de Charles VIII, né au Puy vers 1440.

Dix-septième siècle. — JEAN BAUDOIN (1584-1650), littérateur, membre de l'Académie française, né à Pradelles. Il a laissé quarante-deux traductions d'auteurs grecs, latins, anglais, espagnols, etc.

Le général La Fayette.

Dix-huitième siècle. — MELCHIOR DE POLIGNAC (1661-1741), cardinal, diplomate, poëte latin, né au Puy; membre de l'Académie française, de l'Académie des sciences et de celle des Inscriptions. — MICHEL BOYER (1667-1724), peintre d'architecture, membre de l'Académie. — JEAN-HECTOR DE FAY, marquis DE LA TOUR-MAUBOURG, maréchal de France (1684-1764). — NOEL DE JOURDA, comte DE VAUX, maréchal de France, né en 1705, au château de Vaux, mort en 1788. — ROBERT MICHEL, sculpteur, né au Puy (1720-1785). — PIERRE JULIEN, sculpteur, membre de l'Institut, né à St-Paulien (1731-1804).

Dix-neuvième siècle. — Le marquis DE LA FAYETTE (1757-1834), né au château de Chavagnac ; célèbre homme politique, a été mêlé aux plus grands évènements de son époque. Après avoir contribué puissamment à fonder la république des États-Unis, il fut député en 1789 à l'Assemblée nationale, où il défendit avec chaleur les idées nouvelles. Ayant échoué dans sa tentative de sauver Louis XVI, il émigra, fut emprisonné pendant 5 ans par les Autrichiens, puis rentra en France, où il fut député sous la Restauration et sous la monarchie de juillet. — MARIE-CHARLES-CÉSAR DE FAY, comte DE LA TOUR-MAUBOURG (1758-1831), général, député de la noblesse aux États généraux de 1789, sénateur, pair de France. — Son frère, le marquis VICTOR-MARIE (1766-1850), général, ministre de la guerre sous la Restauration. — Le général RÉGIS BARTHÉLEMI, baron MOUTON-DUVERNET, né au Puy en 1769, fusillé à Lyon en 1816. — ANDRÉ-BRUNO FRÉVOL, général du génie, né en 1775 à Pradelles, tué en 1809 au siège de Saragosse. — Le marquis JUST-PONS FLORIMOND DE LA TOUR-MAUBOURG (1781-1837), ambassadeur. — JOSEPH-MARCELLIN RULLIÈRE, général, pair de France, ministre de la guerre (1848-1849), né à Saint-Didier-la-Séauve (1787-1863). — CHARLES CROZATIER (1794-1855), sculpteur-fondeur, né au Puy, a légué une partie de sa fortune à sa ville natale.

VIII. — Population, langue, culte, instruction publique.

La *population* de la Haute-Loire s'élève, d'après le recensement de 1876, à 313,721 habitants (152,880 du sexe masculin, 160,841 du sexe féminin). A ce point de vue, c'est le 57e département. Le chiffre des habitants divisé par celui des hectares donne environ 63 habitants par 100 hectares ou par kilomètre carré; c'est ce qu'on nomme la *population spécifique*. La France entière ayant 69 à 70 habitants par kilomètre carré, il en résulte que la Haute-Loire renferme, à surface égale, 6 à 7 habitants de moins que l'ensemble de notre pays. Sous ce rapport, c'est le 37e département.

Depuis 1801, date du premier recensement officiel, la Haute-Loire a gagné 91,588 habitants.

« La partie du département baignée par la Loire, dit M. H. Malègue, jusqu'à Bas, et par l'Allier jusqu'au confluent du Javoulx, parle un idiome parent du languedocien, qui est, avec le provençal, la base de tous les idiomes du Midi. Le reste de la Haute-Loire, à l'est, tourne au forézien, et, à l'ouest, à l'auvergnat, parlé assez exactement dans les cantons de Pinols, Brioude, Blesle, Auzon, Paulhaguet en partie, et aussi dans une portion des cantons de Langeac, de Lavoute et de la Chaise-Dieu. Toutefois ces dialectes se sont fondus ensemble; les expressions propres exclusivement à chaque dialecte sont rares, et les différences sont toutes dans les finales, la prononciation et le ton. Mais ces différences sont si nombreuses que chaque canton et même chaque commune de quelques cantons ont, pour ainsi dire, un jargon à part. »

Presque tous les habitants de la Haute-Loire sont catholiques, on n'y compte que 7,000 à 8,000 protestants.

Le nombre des *naissances* a été, en 1879, de 8,858 (plus 315 mort-nés); celui des *décès*, de 7,099; celui des *mariages*, de 2,422.

La *vie moyenne* est de 38 ans 6 mois.

Le *lycée* du Puy a compté, en 1876-1877, 291 élèves; le *collège communal* de Brioude, 89; deux *petits séminaires*, 300; 547 *écoles primaires*, 36,147; 48 *salles d'asile*, 3,585 enfants; 86 *cours d'adultes*, 1,875 auditeurs.

Les opérations du recrutement pour l'année 1877 ont

donné, quant au degré d'instruction des jeunes conscrits, les résultats suivants :

Ne sachant ni lire ni écrire	497
Sachant lire seulement.	73
Sachant lire, écrire et compter.	1,502
Bacheliers.	12
Dont on n'a pu vérifier l'instruction	100

Sur 22 accusés de crimes, en 1873, on a compté :

Accusés ne sachant ni lire ni écrire	10
— sachant lire ou écrire imparfaitement.	7
— sachant bien lire et bien écrire.	4
— ayant reçu une instruction supérieure.	1

IX. — Divisions administratives.

Le département de la Haute-Loire forme le diocèse du Puy (suffragant de Bourges); — les 4e et 5e subdivisions de la 13e région militaire (Clermont-Ferrand). — Il ressortit : à la cour d'appel de Riom ; — à l'Académie de Clermont; — à la 19e légion de gendarmerie (Saint-Étienne) ; — à la 16e inspection des ponts et chaussées ; — à la 28e conservation des forêts (Aurillac) ; — à l'arrondissement minéralogique de Clermont-Ferrand (division du Centre). — Il comprend trois arrondissements (Brioude, le Puy, Yssingeaux), 28 cantons, 264 communes.

Chef-lieu du département: LE PUY.

Chefs-lieux d'arrondissement : Brioude, Le Puy, Yssingeaux.

Arrondissement de Brioude (8 cant.; 107 com.; 80,221 hab.; 144,691 hect.).

Canton d'Auzon (12 com.; 12,116 h.; 14,375 hect.) — Agnat — Auzon — Azérat — Champagnac — Chassignolles — Frugères-les-Mines — Lempdes — Sainte-Florine — Saint-Hilaire — Saint-Vert — Vergongheon — Vézezoux.

Canton de Blesle (10 com.; 4,987 h.; 14,124 hect.) — Autrac — Blesle — Chambezon — Espalem — Grenier-Montgon — Léotoing — Lorlanges — Lubilhac — Saint-Étienne-sur-Blesle — Torsiac.

Canton de Brioude (15 com.; 14,472 h.; 21,714 hect.) — Beaumont

— Bournoncle — Brioude — Chaniat — Fontannes — Javaugues — Lamothe — Lavaudieu —ꞏPaulhac — Saint-Beauzire — Saint-Ferréol-de-Cohade — Saint-Géron — Saint-Just-près-Brioude — Saint-Laurent-Chabreuges — Vieille-Brioude.

Canton de la Chaise-Dieu (13 com.; 9,965 h., 20,848 hect.) — Berbezit — Bonneval — Chaise-Dieu (La) — Chapelle-Geneste (La) — Cistrières — Connangles — Félines — Jullianges — Laval — Malvière — Saint-Pal-de-Mars — Saint-Victor-sur-Arlanc — Sembadel.

Canton de Langeac (15 com.; 13,985 h.; 16,731 hect.) — Auteyrac — Chanteuges — Charraix — Langeac — Mazeyrat-Crispinhac — Pébrac — Prades — Reilhac — Saint-Arcons-d'Allier — Saint-Bérain — Saint-Eble — Saint-Julien-des-Chazes — Sainte-Marie-des-Chazes — Siaugues-Saint-Romain — Vissac.

Canton de Lavoute-Chilhac (13 com.; 8,087 h.; 19,256 hect.) — Ally — Arlet — Aubazat — Blassac — Cerzat — Chilhac — Lavoute-Chilhac — Mercœur — Saint-Austremoine — Saint-Cirgues — Saint-Ilpize — Saint-Privat-du-Dragon — Villeneuve-d'Allier.

Canton de Paulhaguet (20 com.; 11,940 h.; 20,289 hect.) — Chapelle-Bertin (La) — Chassagnes — Chavagnac — Chomette (La) — Collat — Couteuges — Domeyrat — Frugères-le-Pin — Jax — Jozat — Mazeyrat-Aurouze — Montclard — Paulhaguet — Saint-Didier-sur-Doulon — Sainte-Eugénie-de-Villeneuve — Saint-Étienne-près-Allègre — Saint-Georges-d'Aurac — Saint-Préjet-Armandon — Salzuit — Vals-le-Chastel.

Canton de Pinols (9 com.; 4,669 h.; 17,354 hect.) — Besseyre-Saint-Mary (la) — Chastel — Chazelles — Cronce — Desges — Ferrussac — Nozeyrolles — Pinols — Tailhac.

Arrondissement du Puy (14 cant.; 114 com.; 144,973 h.; 227,402 hect.).

Canton d'Allègre (7 com.; 8,484 h.; 17,548 hect.) — Allègre — Ceaux-d'Allègre — Fix-Saint-Geneys — Monlet — Saint-Just-près-Chomelix — Varennes-Saint-Honorat — Vernassal.

Canton de Cayres (7 com.; 4,873 h.; 18,010 hect.) — Alleyras — Bouchet (Le) — Cayres — Ouides — Saint-Didier-d'Allier — Saint-Jean-Lachalm — Séneujols.

Canton de Craponne (6 com.; 9,034 h.; 12,703 hect.) — Beaune — Chomelix — Craponne — Saint-Georges-Lagricol — Saint-Jean-d'Aubrigoux — Saint-Julien-d'Ance.

Canton de Fay-le-Froid (6 com.; 7,423 h.; 21,271 hect.) — Champclause — Chaudeyrolles — Estables (Les) — Fay-le-Froid — Saint-Front — Vastres (Les).

Canton de Loudes (9 com.; 8,176 h.; 15,022 hect.) — Chaspuzac — Loudes — Saint-Jean-de-Nay — Saint-Privat-d'Allier — Saint-Vidal — Sanssac-l'Église — Vazeilles-Limandre — Vergézac — Vernet (Le).

Canton du Monastier (11 com.; 13,275 h.; 19,353 hect.) — Alleyrac — Chadron — Freycenet-Lacuche — Freycenet-la-Tour — Goudet — Laussonne — Monastier (Le) — Moudeyres — Présailles — Saint-Martin-de-Fugères — Salettes

Canton de Pradelles (12 com.; 9,749 h.; 22,154 hect.) — Arlempdes — Barges — Lafarre — Landos — Pradelles — Rauret — Saint-Arcons-de-Barges — Saint-Étienne-du-Vigan — Saint-Haon — Saint-Paul-de-Tartas — Saûvetat (La) — Vielprat.

Canton du Puy, Nord-Ouest (9 com.; 19,071 h.; 7,101 hect.) — Aiguilhe — Ceyssac — Chadrac — Espaly-Saint-Marcel — Malrevers — Monteil (Le) — Polignac — Puy (Le) (nord-ouest) — Saint-Quentin-Chaspinhac.

Canton de Puy, Sud-Est (7 com.; 17,159 h.; 8,699 hect.) — Brives-Charensac — Coubon — Ours-Mons — Puy (Le) (sud-est) — Saint-Germain-la-Prade — Taulhac — Vals-près-le-Puy.

Canton de Saint-Julien-Chapteuil (8 com.; 11,902 h.; 15,728 hect.) — Lantriac — Montusclat — Pertuis (Le) — Queyrières — Saint-Étienne-Lardeyrol — Saint-Hostien — Saint-Julien-Chapteuil — Saint-Pierre-Eynac.

Canton de Saint-Paulien (7 com.; 7,502 h.; 7,312 hect.) — Blanzac — Borne — Lavoute-sur-Loire — Lissac — Saint-Geneys-près-Saint-Paulien — Saint-Paulien — Saint-Vincent.

Canton de Saugues (14 com.; 11,950 h.; 38,957 hect.) — Chanaleilles — Croisances — Cubelles — Esplantas — Grèzes — Monistrol-d'Allier — Saint-Christophe-d'Allier — Saint-Préjet-d'Allier — Saint-Vénérand — Saugues — Thoras — Vabres — Vazeilles-près-Saugues — Venteuges.

Canton de Solignac-sur-Loire (5 com.; 5,742 h.; 11,448 hect.) — Bains — Brignon (Le) — Cussac — Saint-Christophe-sur-Dolaison — Solignac-sur-Loire.

Canton de Vorey (7 com.; 10,855 h.; 14,206 hect.) — Beaulieu — Chamalières — Mézères — Roche-en-Régnier — Rosières — Saint-Pierre-du-Champ — Vorey.

Arrondissement d'Yssingeaux (6 cant.; 43 com.; 88,527 h.; 151,576 hect.).

Canton de Bas (8 com.; 12,279 h.; 22,443 hect.) — Bas — Boisset — Malvalette — Saint-André-de-Chalencon — Saint-Pal-de-Chalencon — Solignac-sous-Roche — Tiranges — Valprivas.

Canton de Monistrol-sur-Loire (6 com.; 14,534 h.; 19,305 hect.) — Beauzac — Chapelle-d'Aurec (La) — Monistrol-sur-Loire — Sainte-Sigolène — Saint-Maurice-de-Lignon — Villettes (Les).

Canton de Montfaucon (7 com.; 10,995 h.; 20,312 hect.) — Dunières — Montfaucon — Montregard — Raucoules — Riotord — Saint-Bonnet-le-Froid — Saint-Julien-Molhesabate.

Canton de Saint-Didier-la-Séauve (8 com.; 16,082 h.; 23,926 hect.) — Aurec — Pont-Salomon — Saint-Didier-la-Séauve — Saint-Ferréol-d'Auroure — Saint-Just-Malmont — Saint-Pal-de-Mons — Saint-Romain-Lachalm — Saint-Victor-Malescours.

Canton de Tence (6 com.; 13,446 h.; 19,715 hect.) — Chambon (Le) — Chénéreilles — Mas-de-Tence (Le) — Saint-Jeures — Saint-Voy — Tence.

Canton d'Yssingeaux (8 com.; 21,591 h.; 25,877 hect.) — Araules —

Beaux — Bessamorel — Grazac — Lapte — Retournac — Saint-Julien-du-Pinet — Yssingeaux.

X. — Agriculture, productions.

Les 496,225 hectares du département sont ainsi répartis :

Terres labourables.	209,504 hectares.
Vignes	7,303
Bois.	85,618
Prairies naturelles et vergers. . .	89,980
Pâturages et pacages	52,262
Terres incultes.	5,160

Le reste du territoire se partage entre le lit des rivières, les lacs, les étangs, les emplacements de villes, de bourgs, de villages, les surfaces prises par les routes, les chemins de fer, les cimetières, etc.

On compte dans le département 144,775 animaux de l'espèce bovine, 337,030 moutons (192,081 kilogrammes de laine en 1876), 56,952 porcs, 12,695 chèvres, 14,260 chevaux, 902 mulets et 1,490 ânes. 7,760 ruches ont donné, en 1876, 34,920 kilogrammes de miel et 11,640 de cire. La principale richesse agricole de la Haute-Loire est l'élève des taureaux et génisses et l'engraissement des bœufs. La **race bovine** appartient à trois espèces : 1° les bêtes à cornes du Mézenc, bêtes de forte race, classées à part dans les concours sous le nom de *race du Mézenc* et qu'on exporte dans le Vivarais, le Forez, le Dauphiné et la Basse-Provence, à Alais, à Nîmes, etc.; 2° la race de Salers ; 3° la race forézienne, qui domine dans l'arrondissement d'Yssingeaux. C'est dans les foires de l'Aveyron et principalement à la Canourgue, que le Mézenc achète les bœufs qu'il veut engraisser. Les **moutons**, qui ne passent dans la Haute-Loire que la saison de l'alpage (du printemps à l'automne), appartiennent aussi à trois espèces : il y a le *bizet*, qui vient de la Margeride et de la Lozère ; le *quercy*, originaire de l'Aveyron et du Cantal, et le *ravat*, fourni par le Cantal et le Forez. A Pradelles se fabriquent de bons *fromages*, dits *de Saugues* ; les fromages de Sainte-Sigolène sont aussi renommés. — L'élevage des *mulets* est fort important.— Dans l'arrondissement de Brioude, sur les rives de l'Allier, s'engraissent un grand nombre de *dindons*. — La valeur totale des animaux domestiques du département est évaluée à environ 10 millions de francs.

Outre ses *pâturages* des vallons et des plateaux trachytiques du Mézenc et des environs, dont l'excellence assure le développement

progressif de sa belle race bovine, le département de la Haute-Loire a
d'autres ressources agricoles : il cultive le *froment*, généralement
mélangé de seigle, l'*orge*, l'*avoine* (surtout dans le haut pays), la *pomme
de terre*, qui se récolte partout, la fève de marais (aux environs du
Puy), les pois et les haricots blancs (ceux-ci dans les vignes), les len-
tilles, les raves et le colza. Dans le Mézenc, les céréales viennent
jusqu'à 1,660 mètres d'altitude. Les *prairies artificielles* sont fort
répandues, mais à l'état temporaire ; elles servent à reposer les terres
de labour. C'est sur les rives de l'Allier qu'elles dominent. — Le
département possède une assez vaste étendue de vignes ; mais il ne
récolte que des vins de seconde qualité ; les meilleurs sont ceux de
Lavoute, de Brioude et de Monistrol.

En 1876, les habitants ont récolté 125,102 hectolitres de froment,
73,150 de méteil, 847,306 de seigle, 119,000 d'orge, 926 de sar-
rasin, 15,000 de maïs et millet, 182,970 d'avoine, 1,410,500 de
pommes de terre, 40,500 de légumes secs, 31,080 de betteraves,
14,409 quintaux de chanvre, 171,000 kilogrammes de chènevis,
3,254 hectolitres de graines de colza (53,245 kilogrammes d'huiles)
et 167,640 hectolitres de vin.

Les arbres fruitiers sont : le poirier, le pommier, le pêcher, l'a-
bricotier, le prunier et le cerisier.

Le département possédait jadis de belles forêts, qui ont en grande
partie disparu depuis le morcellement des propriétés pendant la Ré-
volution. On ne peut guère citer que : la forêt de Miaune (340 hectares), commune de Roche-en-Regnier ; le bois de Crozilhac (250
hectares), près de Tence ; la forêt de Mozun (150 hectares), dans la
commune de la Chapelle-Geneste ; celles de Ceyroux (commune de
Mercœur), sur la croupe de la Margeride, et de la Chazette (150
hectares ; à Chanaleilles) ; les bois de sapins de Lamandy (commune
de Cistrières), les bois de la Saignette (commune de Pinols), au pied
de la Margeride ; le bois du Devez (100 hectares), commune de
Thoras ; le bois de Montdésir, à Saint-Ilpize, etc. Les essences qui
dominent dans ces bois sont le pin, le sapin, le chêne et le hêtre.

L'État a pris en main, depuis quelques années, le reboisement
des montagnes, qui doit porter sur plusieurs milliers d'hectares :
1,135 hectares dans les montagnes du Mézenc, 569 dans le bassin de
la Gazeille, 71 dans le bassin de l'Holme, 319 dans les bassins de la
Laussonne et de la Gagne, 1,440 dans le Mégal, 466 dans le bassin
de la Sumène, 170 dans le bassin du ruisseau de Rosières, 75 dans
es bassins des ruisseaux de Mézères et de Bichaix, 287 dans le bassin du ruisseau de Bessamorel ou Terrasse, 289 dans les montagnes
de Pradelles et de Saint-Paul-de-Tartas, 801 dans celles du Bouchet et

de Séneujols, 164 dans la montagne de la Durande, 119 dans le bassin de. l'Engoniole, 53 dans le bassin de la Méjeanne, 102 dans le
bassin d'Aunac, et environ 5000 dans les bassins du Lignon, de la
Borne, de l'Arzon et de l'Ance.

Le massif du Mézenc fournit une très grande variété de *plantes
aromatiques* et pharmaceutiques aux parfumeurs et aux pharmaciens
du Languedoc et de la Basse-Provence.

Il_existe une *ferme-école* à Nolhac, commune de Saint-Paulien.

XI. — Industrie; produits minéraux.

Dans les communes d'Azérat et d'Agnat, s'exploitent des *mines de
cuivre;* à Navogne, communes de Bas-en-Basset et de Valprivas, des
mines de fer, appartenant à la société des forges et aciéries de Fir-
miny. — Il existe des *mines de zinc* à Mazemblar, commune d'Alleyras et à Lavoute-sur-Loire, et des *mines de plomb argentifère*
dans les communes de la Besseyre-Saint-Mary, Chanteuges, Chazelles, Desges, Jax, Langeac, Lubilhac, Mazeyrat-Aurouze, Mercœur,
Monistrol-d'Allier, Pébrac, Saint-Étienne-près-Allègre, Saint-Just,
Saint-Privat-d'Allier et à Varennes-Saint-Honorat. La mine de Cham-
bonnet, près d'Yssingeaux, donne du plomb sulfuré.

Le département possède une des rares *mines d'arsenic* qui existent en France : c'est celle des Espeluches, située dans la commune
de Saint-Hilaire et en partie dans celle de Saint-Martin-d'Ollières
(Puy-de-Dôme). — L'*antimoine* s'extrait à Ally, Blesle, Chanteuges,
Chastel, Chazelles, Langeac, Lubilhac, Mercœur, Pébrac, Saint-
Étienne-sur-Blesle (mines de la Chirèze et de la Fage), Lavoute-Chilhac et Tailhac. — La *baryte* se rencontre sur le territoire
de Chilhac, de Jax, de Jozat, de Mazeyrat-Crispinhac, de Paulhaguet, de Salzuit, de Lavoute-sur-Loire, de Saint-Étienne-près-Allègre,
de Saint-Georges-d'Aurac, de Saint-Germain-Laprade et de Vézezoux.
Des usines spéciales, situées à la Tour (Brioude), à Barbançon (près
d'Aurouze), Mercœur, sont destinées à la préparation de cette sub-
stance. Langeac possède des carrières de spath fluor.

Les **mines de houille** de la Haute-Loire ont donné, en 1878,
217,190 tonnes de combustible. Le *bassin* houiller *de Brassac*
(34 kilomètres carrés) est compris entre l'Allier, à l'est, et les montagnes qui bordent la rive gauche de l'Alagnon, à l'ouest. Du nord
au sud, il s'étend depuis le confluent de ces deux rivières jusqu'aux
environs de Bournoncle-la-Roche, dans les deux départements du
Puy-de-Dôme et de la Haute-Loire. Dans la Haute-Loire, ce bassin

s'étend sur les communes d'Auzon, de Beaumont, Chaniat, Fontannes, Frugères-les-Mines, Lamothe, Lempdes, Sainte-Florine
(mines de Grosménil, 190,000 quintaux métriques par an) et de
Vergongheon (mines de Barthes, 130,000 quintaux). Le bassin de
Brassac est exploité par quatre compagnies, employant 1,200 à 1,500
ouvriers ; l'extraction annuelle s'élève à environ 160,000 tonnes ; la
sucrerie de Bournoncle et le chemin de fer absorbent la plus grande
partie de ces produits.

Aux environs, et au nord-est de *Langeac*, dans la vallée de Mo-
range, à Charlède, à Tailhac, s'étend, sur une surface de 687 hectares, un autre *bassin* houiller, dont les mines (en exploitation) ont
une certaine célébrité géologique, par la netteté des impressions de
fougères que l'on y recueille, et surtout par la présence de fruits
ovoïdes qui existent avec quelque abondance au milieu des schistes
accompagnant la houille.

Dans le lit du Riou-Pézouilloux, on trouve deux sortes de pierres
précieuses : le zircon hyalin et le corindon-saphir bleu.

Les plus belles *carrières* du département sont celles d'Araules et
de la Pradette (commune de Montusclat), dont les produits sont tra
chytiques. Les grès blancs de Blavosy sont aussi très estimés. Il
existe également des carrières de pierres de taille à Autrac (pierres
calcaires), Beaumont (grès), Chamalières, Charraix, Chaudeyrolles
(pierres tégulaires), Langeac (à Jahon, grès pour meules à aiguiser),
Retournac (pierres basaltiques concassées), Saint-Germain-la-Prade
(pierres meulières), Saint-Julien-Chapteuil, etc.

Les *carrières de pierres à chaux* et les fours à chaux des environs du Puy, qui ont à lutter contre la chaux de l'Ardèche, suffisent
aux besoins des arrondissements du Puy et d'Yssingeaux. Celui de
Brioude est tributaire des fours de Bournoncle. A Espaly se trouve
l'importante carrière de plâtre du Cormail.

Les *sources minérales* les plus connues sont celles d'Andreujols
(eaux acidules gazeuses ; commune de Saugues), d'Auzon (sulfatée
calcaire), d'Azérat, de Bas-en-Basset (ferrugineuses), de Chantégeal
(près de Blesle), des Estreys (commune de Polignac), de Fay-le-Froid
(acidules gazeuses), Langeac (carbonatées ferrugineuses), de Mar-
geaix et de Serville (commune de Beaulieu), de Charlette et de la
Soucheyre (aux environs de la Chaise-Dieu), de Paulhac (acidules
gazeuses), Prades (gazeuses), de Prolhac (près de Loudes), de Laprat
(acidule gazeuse ; près de Saint-Julien-d'Ance), Saint-Martin-de-
Fugères, de Retournac, du Sçay (commune de Vézezoux), de Saint-
Didier-la-Séauve, des Pandraux (commune de Lantriac), des Salles
(au Brignon), etc.

La principale branche de l'industrie manufacturière du pays est l'industrie dentellière, travail d'importance capitale pour toute la population du Velay. A Pradelles, au Monastier, à Tence, à Craponne, à Langeac, dans tous les villages et même les hameaux les plus chétifs et les plus perdus de la montagne, les femmes s'occupent de la fabrication des **dentelles** et des *blondes* en fil de laine, de lin, de coton, de soie, d'or, d'argent. Dans la belle saison on les voit travaillant à leur carreau devant leurs demeures ; en hiver, dans la maison dite *d'assemblée*, où elles se réunissent pour veiller, en même temps que les garçons et filles de 4 à 20 ans, auxquels enseigne une femme de bonne volonté appelée « *béate* ». Quand l'industrie est en pleine activité, plus de 100,000 personnes, 150,000 même, s'emploient à ce travail, et la valeur marchande des dentelles dépasse 25 millions de francs ; mais la concurrence est grande pour cet article de commerce, soumis aux caprices de la mode.

Le voisinage de la grande ville industrielle de Saint-Étienne se fait sentir dans la Haute-Loire. Dans les cantons d'Yssingeaux, de Saint-Didier, de Monistrol-sur-Loire, la fabrication des rubans et des taffetas s'ajoute ou se substitue à celle des dentelles. Dunières, Tence et Saint-Didier-la-Séauve ont des *moulinages de soie*.

Il existe des *filatures de laine* à Brives-Charensac, à Fay-le-Froid, à Saugues et au Monastier ; une carderie de laine, au Babory, commune de Blesle ; des *fabriques de draps*, à Blesle, à Espaly, au Puy et à Saugues ; des *manufactures de caoutchouc*, à Monistrol-sur-Loire et à Saint-Didier-la-Séauve.

L'industrie métallurgique est fort peu développée dans le département ; on ne peut guère citer que les *forges* de Fay-le-Froid, les *fabriques de faucilles* d'Yssingeaux et de Pont-Salomon (près de Saint-Ferréol-d'Auroure). A Monistrol-sur-Loire se fabrique de la *serrurerie*.

Parmi les autres établissements industriels du département, nous citerons : les *papeteries* de Monistrol-sur-Loire, Pébrac, Prades, Tence et Saint-Didier-la-Séauve ; les *verreries* de Clamblard (commune de la Besseyre-Saint-Mary), de Mège-Coste et de Notre-Dame-du-Port (200 ouvriers), de Nozeyrolles et de Vézezoux ; les *imprimeries* de Brioude, du Puy et d'Yssingeaux ; les *brasseries* de Brioude, d'Espaly et du Puy ; les *tanneries* ou mégisseries de Craponne, de Monistrol-sur-Loire et du Puy ; les poteries d'Alleyras et de Brives-Charensac ; les *huileries* de Blesle, Langeac, Monistrol-sur-Loire, etc.; environ 90 *scieries*, notamment celles de Brioude, Craponne, Dunières, du Monastier, de la Séauve, de Villeneuve-d'Allier ; 980 *moulins* à farine (à Brives-Charensac, Espaly, Langeac, Lempdes, Retournac, etc.) ; 150 moulins avec foulons et une

centaine avec scieries. Enfin il se fabrique dans le département une
quantité assez considérable de sabots.

XII. — Commerce, chemins de fer, routes.

La Haute-Loire *importe* des départements voisins des bestiaux des-
tinés à l'engrais, des farines de l'Auvergne et de la Bourgogne, des
articles de nouveauté, de mode, de bijouterie, de librairie, d'ameu-
blement, des étoffes, des fils à dentelle ; du sucre, du café, des
huiles, des vins, eaux-de-vie et liqueurs, des instruments d'agriculture,
de la chaux du Teil (Ardèche), etc., et environ 80,000 quintaux métriques de houille, provenant du bassin de la Loire.

Le département *exporte* des animaux pour la boucherie, des chevaux, des mulets envoyés en Provence et dans les Pyrénées, de la
laine, des grains, des légumes, des plantes aromatiques et pharmaceutiques, des dentelles, des houilles de Brassac et de Langeac, et
généralement tous les produits de son industrie agricole et manufacturière.

Le département est traversé par trois chemins de fer, ayant ensemble un développement de 235 kilomètres.

1° Le chemin de fer *de Paris à Nîmes par Brioude* entre dans le
département de la Haute-Loire à 2 kilomètres au-delà de la gare de
Brassac (Puy-de-Dôme). Après avoir desservi les stations d'Arvant,
de Brioude, de Frugères-le-Pin, de Paulhaguet et de Saint-Georges-
d'Aurac, il entre, près de Langeac, dans les gorges de l'Allier. De
Chanteuges, la gare suivante, jusqu'à la limite du département de la
Lozère, l'établissement de la voie ferrée dans une profonde et tor-
tueuse vallée a présenté aux ingénieurs de grandes difficultés qui
n'ont pu être résolues que par de fortes courbes et de nombreux travaux d'art, souterrains et viaducs. Au delà de Chanteuges, le chemin
de fer dessert encore Saint-Julien-des-Chazes, Monistrol-d'Allier et
Alleyras. Un peu avant la station de Chapeauroux, il entre dans le département de la Lozère ; mais il rentre bientôt dans la Haute-Loire
en franchissant l'Allier, qui sépare les deux départements sur un
assez long parcours. Après avoir desservi la gare de Jonchères,
le chemin de fer passe définitivement dans la Lozère. Parcours,
100 kilomètres.

2° Le chemin de fer *d'Arvant à Figeac*, qui remonte la vallée de
l'Alagnon, a pour stations Lempdes et Blesle. Au delà, il entre dans le
département du Cantal. Parcours, 19 kilomètres.

5° Le chemin de fer *de Saint-Georges-d'Aurac à Saint-Étienne* passe à Rougeac, la Chaud, Fix-Saint-Geneys, Darsac, puis descend dans la vallée de la Borne, où il dessert Borne et le Puy. Au delà de cette ville, il débouche dans la vallée de la Loire, qu'il suit jusqu'à sa sortie du département. Après avoir desservi Lavoute-sur-Loire, Saint-Vincent, Vorey, Chamalières, Retournac, Pont-de-Lignon, Bas-Monistrol et Aurec, il entre dans le département de la Loire. Parcours, 116 kilomètres.

Les voies de communication comprennent 5,387 kilomètres, savoir :

5 chemins de fer	255 kil.
6 routes nationales	502 1/2
15 routes départementales	463
18 chemins vicinaux de grande communication . . .	433
29 chemins vicinaux d'intérêt commun	525
Chemins vicinaux ordinaires	3,412
1 rivière navigable.	17

XIII. — Dictionnaire des communes[1].

Agnat, 625 h., c. d'Auzon.

Aiguilhe, 657 h., c. Nord-Ouest du Puy. ⟶ Sur un dyke volcanique très curieux, de forme élancée et conique, haut de 85 mèt., église Saint-Michel, aussi bizarre dans sa forme générale que dans ses détails; escalier de 249 marches taillées dans le roc. La porte, merveilleux morceau de sculpture du x° ou du xi° s., s'ouvre au-dessous du niveau du sol intérieur. A la dr. même de l'entrée se trouve le sanctuaire, formé d'un compartiment carré sur lequel s'ouvrent deux absidioles. Les voûtes de l'église, en berceau et à pénétrations, sont si basses qu'on peut en atteindre la naissance en levant la main; les colonnes renflées qui les portent et leurs chapiteaux offrent tous les caractères de l'époque mérovingienne. — Près de la base du rocher,

chapelle octogonale du xii° s., appelée temple de Diane.

Allègre, 1,732 h. (1,032 agglom.), ch.-l. de c. de l'arrond. du Puy, à 1,000 mèt. d'altitude, au pied du dôme de Bar, montagne volcanique isolée sur le plateau que parcourt la Borne et en partie revêtue d'une superbe forêt de hêtres; au sommet (1,167 mèt.; vue splendide) s'ouvre un cratère, échancré vers le midi, de 500 mèt. de diamètre et de 40 mèt. de profondeur. ⟶ Ruines d'un château de la fin du xiv° s. (porte et tours).

Alleyrac, 800 h., c. du Monastier.

Alleyras, 790 h., c. de Cayres. ⟶ Ruines du château d'Agrain. — Travaux d'art du chemin de fer : ponts et tunnels.

Ally, 724 h., c. de Lavoute-Chilhac.

André-de-Chalencon (Saint-), 1106 h. (165 agglom.), c. de Bas-en-Basset. ⟶ Sur l'Ance, dans un site sauvage, belles ruines du château de Chalencon.

Araules, 2,108 h. (297 agglom.), c. d'Yssingeaux. ⟶ Près du pic de Lizieux (1,395 mèt.), ruines du château gothique de Bonas. — Pic du Mégal ou de Testoaire (1,458 mèt.).

[1]. Dans la Haute-Loire les habitations sont très disséminées : telle com. de 3000 h. n'en compte que 200 à 500 au chef-lieu; le reste se répartit entre 40 à 50 ham. et un nombre infini de maisons isolées. C'est pourquoi nous donnons, pour certaines communes, le nombre des habitants agglomérés à côté de la population totale.

Arcons-d'Allier (Saint-), 587 h., c. de Langeac. ⟶ Château en ruine. — Église romane. — Magnifiques colonnades basaltiques.

Arcons-de-Barges (Saint-), 785 h., c. de Pradelles. ⟶ Accidents volcaniques, paysages splendides.

Arlempdes, 544 h., c. de Pradelles. ⟶ Ruines d'un château fort très considérable, flanqué de tours rondes et carrées assez bien conservées, sur un rocher basaltique. — Grottes. — Près de Mascleaux, belle coulée basaltique.

Arlet, 106 h., c. de Lavoute-Chilhac.

Aubazac, 525 h., c. de Lavoute-Chilhac.

Aurec, 2,615 h. (785 agglom.), c. de Saint-Didier-la-Séauve. ⟶ Église d'un prieuré. — Restes de remparts et château du xvᵉ s. — Château moderne de la Tour-des-Sauvages.

Austremoine (Saint-), 276 h., c. de Lavoute-Chilhac.

Auteyrac, 531 h., c. de Langeac.

Autrac, 179 h., c. de Blesle.

Auzon, 1,546 h. (988 agglom.), ch.-l. de c. de l'arrond. de Brioude, sur l'Auzon, à 1 kil. de l'Allier. ⟶ Église romane. — Hospice du xvᵉ s.

Azérat, 619 h., c. d'Auzon.

Bains, 1,282 h. (250 agglom.), c. de Solignac. ⟶ Ancienne église (mon. hist.) ; beau portail. — Pittoresque rocher volcanique de Cordes (918 mèt.).

Barges, 426 h., c. de Pradelles, à 1,180 mèt.

Bas-en-Basset, 5,067 h. (1,008 agglom.), ch.-l. de c. de l'arrond. d'Yssingeaux, sur la Loire, qui forme la grande île de la Garenne. ⟶ Église romane, remaniée aux xiiiᵉ et xviᵉ s. — Maison et croix sculptée du xvᵉ s. — A 3 kil., sur une colline, belles ruines du château de Rochebaron, bâti sous Charles VII.

Beaulieu, 1,396 h. (358 agglom), c. de Vorey.

Beaumont, 559 h., c. de Brioude. ⟶ Château de Lauriat, sur une butte isolée.

Beaune, 728 h., c. de Craponne.

Beaux, 1,226 h. (264 agglom.), c. d'Yssingeaux.

Beauzac, 2,514 h. (515 agglom.), c. de Monistrol-sur-Loire. ⟶ Crypte romane à l'église. — Deux portes bien conservées et autres débris de l'enceinte fortifiée. — Sur un rocher à pic dominant la Loire, ruines du prieuré de Confolent, fondé en 995.

Beauzire (Saint-), 652 h., c. de Brioude.

Bérain (Saint-), 608 h., c. de Langeac.

Berbezit, 343 h., c. de la Chaise-Dieu. ⟶ Château gothique.

Bessamorel, 622 h., c. d'Yssingeaux. ⟶ Ruines d'une commanderie de Malte.

Besseyre-Saint-Mary (La), 592 h., c. de Pinols. ⟶ Château gothique de Besset.

Blanzac, 454 h., c. de Saint-Paulien.

Blassac, 588 h., c. de Lavoute-Chilhac.

Blesle, 1,529 h. (870 agglom.), ch.-l. de c. de l'arrond. de Brioude, dans la gorge étroite de la Vaucenge. ⟶ Vieille tour polygonale. — Maisons anciennes. — Rochers basaltiques appelés Orgues de Blesle.

Boisset, 955 h., c. de Bas-en-Basset.

Bonnet-le-Froid (Saint-), 717 h., c. de Montfaucon.

Bonneval, 421 h., c. de la Chaise-Dieu.

Borne, 411 h., c. de Saint-Paulien. ⟶ Château de la Roche-Lambert (xvᵉ s.), « incrusté dans l'excavation d'une muraille de basalte », suivant l'expression de George Sand, qui le fait habiter au héros de son beau roman de *Jean de la Roche*. — Grottes habitées.

Bouchet-Saint-Nicolas (Le), 582 h., c. de Cayres.

Bournoncle, 955 h., c. de Brioude. ⟶ Château ruiné de la Roche, sur une butte volcanique.

Bouzols, *V.* Coubon.

Brignon (Le), 1,687 h. (210 agglom.), c. de Solignac. ⟶ Grottes. — Pavés des Géants, des Scissoux et de Fleuras. — Cascade de la Baume.

Brioude, 4,747 h. (4,277 agglom.), ch.-l. d'arrond., à 2 kil. de l'Allier. ⟶ *Église Saint-Julien* (mon. hist.): nef du xiᵉ s.; charmant chœur roman, du commencement du xiii⁰ s., avec chapelles rayonnantes et clocher octogonal, restauré ; porches remarquables, avec restes de vantaux recouverts de cuir peint; fresques (les mieux conservées sont au-dessus du narthex, dans la chapelle Saint-Michel) ; inscriptions tumulaires intéressantes; bas-relief rappelant un pèlerinage du roi Charles VI ; Christ de Jouvenet; crypte, restaurée au xv⁰ s. — *Église des Cordeliers,*

en partie du xiv⁰ s., et petite *chapelle* du xv⁰ s., ayant fait partie d'un hôpital. — *Palais de justice* et *hôtel de ville,* sur une terrasse plantée d'arbres (belle vue). — *Collège.* — *Maisons* anciennes à tourelles.—*Fontaines* du xiii⁰ s., retouchées.

Brives-Charensac, 1,554 h. (1,078 agglom.), c. Sud-Est du Puy. ⋙⟶ Beau pont moderne. — A l'embouchure de la Borne, vieux pont sur la

Château de Bouzols.

Loire et ancien couvent de Chartreux (petit séminaire). — A Montredon, asile départemental d'aliénés.

Cayres, 1,407 h. (245 agglom.), ch.-l. de c. de l'arr. du Puy, à 1,136 mèt. ⋙⟶ A 2 kil., lac du Bouchet (*V.* p. 8). — Grottes de Chacornac, creusées de main d'homme, probablement à l'époque romaine.

Céaux-d'Allègre, 1,600 h. (234 agglom.), c. d'Allègre.

Cerzat, 501 h. c. de Lavoûte-

Chilhac. ⋙⟶ Accidents volcaniques

Ceyssac, 336 h., c. Nord-Ouest du Puy. ⋙⟶ Ruines d'un château fort sur un rocher à pic (escalier taillé dans le roc); au-dessous, château moderne. — Grottes artificielles, qu'on croit celtiques, au nombre de plus de 40. — Église creusée dans le rocher. — Pavés des Géants, agglomération de pierres énormes.

Chadrac, 231 h., c. Nord-Ouest du Puy. ⋙⟶ Sites délicieux.

Chadron, 787 h., c. du Monastier. ➠ Ruines d'un château. — Accidents volcaniques. — Sites splendides.

Chaise-Dieu (La), 1,632 h. (1,140 agglom.), ch.-l. de c. de l'arr. de Brioude, sur un plateau froid, à 1,090 mèt. ➠ Abbaye fondée par saint Robert en 1056, entourée de fortifications de 1378 à 1420 ; bâtiments flanqués de hautes tours carrées munies de herses, et qui se relient par plusieurs cours immenses à l'église abbatiale. Cloître (mon. hist.), des xiv⁰ et xv⁰ s., dont il ne reste que 2 galeries. Église (mon. hist.) des xiv⁰ et xv⁰ s. ; portail précédé d'un large escalier (48 marches) et flanqué de deux tours massives hautes de 59 mèt.; au tympan, 3 belles niches surmontées de baldaquins à jour ; à côté du chevet, tour carrée dite de Clément VI, flanquée aux angles de contre-forts saillants et couronnée de mâchicoulis; à l'intérieur, ubé du xviii⁰ s. Dans le chœur, 144 stalles magnifiquement sculptées, au-dessus desquelles sont suspendues de riches tapisseries du xvi⁰ s., tissées à Arras, et représentant des scènes de l'Ancien et du Nouveau Testament ; sur c mur d'un bas-côté, peintures à fresque représentant une danse macabre, d'un très bon dessin; buffet d'orgues sculpté (xvii⁰ s.). Au milieu du chœur, tombeau de Clément VI, monument quadrangulaire en marbre noir, sur lequel est étendue l'effigie du pontife en marbre blanc ; tombeau de Réginald de Montclar, abbé, bien conservé (jolies statuettes), transformé en armoire ; contre le mur du chœur, à g., tombeau affreusement mutilé d'Édith (?), reine d'Angleterre. — Débris des fortifications. — Maisons de la Renaissance.

Chamalières, 1,099 h. (327 agglom.), c. de Vorey. ➠ Ancien prieuré. — Église romane (mon. hist.) très curieuse du xii⁰ s., avec restes de fresques, bénitier roman, vantaux sculptés du xii⁰ s., fragments de sculptures et d'un cloître de la même époque. — Ponts du chemin de fer. — Sites splendides.

Chambezon, 255 h., c. de Blesle. ➠ Sur l'Alagnon, 4 ponts du chemin de fer d'Arvant à Figeac; tunnels de Combanet (207 mèt. de longueur) et de Chambezon (177 mèt.).

Chambon (Le), 2,170 h. (564 agglom.), c. de Tence. ➠ Voie romaine.

Champagnac, 1,005 h. (430 agglom.), c. d'Auzon.

Champclause, 1,064 h. (39 agglom.), c. de Fay-le-Froid.

Chanaleilles, 850 h., c. de Saugues.

Chaniat, 502 h., c. de Brioude.

Chanteuges, 881 h., c. de Langeac. ➠ Église (mon. hist. du xii⁰ s.) d'une abbaye (tour fortifiée), aujourd'hui ruinée ; façade du xvi⁰ s. ; l'édifice se termine par trois absides. Il est séparé par les débris du cloître (mon. hist.) de la chapelle de l'Abbé, gracieuse construction du xvi⁰ s. — Tunnel de Saint-Arcons (60 mèt.).

Chapelle-Bertin (La), 429 h., c. de Paulhaguet.

Chapelle-d'Aurec (La), 705 h., c. de Monistrol-sur-Loire.

Chapelle-Geneste (La), 856 h., c. de la Chaise-Dieu.

Charraix, 377 h., c. de Langeac. ➠ Ruines des châteaux de Besc et de Chamblèves.

Chaspuzac, 537 h., c. de Loudes.

Chassagnes, 560 h., c. de Paulhaguet.

Chassignolles, 717 h., c. d'Auzon.

Chastel, 638 h., c. de Pinols.

Chaudeyrolles, 710 h., c. de Fay-le-Froid, à 1,288 mèt., au pied du Mézenc. ➠ Restes d'un château fort. Grottes de Chanteloube.

Chavagnac, 257 h., c. de Paulhaguet. ➠ Château où naquit le général La Fayette.

Chazelles, 211 h., c. de Pinols. ➠ Charmant vallon de la Desges.

Chenereille, 630 h., c. de Tence.

Chilhac, 707 h., c. de Lavoute-Chilhac. ➠ Voûtes de l'église (mon. hist.). — Belles colonnades basaltiques.

Chomelix, 1,502 h. (491 agglom.), c. de Craponne. ➠ Voie romaine, près des ruines du pont de César. — Ruines d'un château féodal. — Aux Landes, roches à la surface desquelles sont creusés des bassins d'origine celtique ou antéceltique.

Chomette (La), 540 h., c. de Paulhaguet. ⟶ Pittoresque rocher volcanique.

Christophe-d'Allier (Saint-), 155 h., c. de Saugues. ⟶ Pont (6 arches) du chemin de fer sur l'Allier. — Tunnel de l'Estang.

Christophe-sur-Dolaison ou **Dolezon (Saint-)**, 923 h., c. de Solignac. ⟶ Grotte de la Roche.

Cirgues (Saint-), 589 h., c. de Lavoûte-Chilhac.

Cistrières, 1,058 h. (205 agglom.), c. de la Chaise-Dieu. ⟶ Église (mon. hist.).

Collat, 483 h., c. de Paulhaguet.

Connangles, 871 h., c. de la Chaise-Dieu.

Coubon, 2,523 h. (225 agglom.), c. du Puy (Sud-Est). ⟶ Cippe gallo-romain sur la place. — Sur un superbe rocher, belles ruines du château de Bouzols. — Vestiges des châteaux de Poinsac, de la Tour-Daniel, de la tour de Jandriac. — Belle villa de Charentus. —Près de la Terrasse, grottes creusées de main d'homme. — Sites charmants sur la Loire.

Couteuges, 436 h., c. de Paulhaguet.

Craponne, 5,713 h. (2199 agglom.), ch.-l. de c. de l'arrond. du Puy, près de l'Arzon. ⟶ Tour carrée, reste des fortifications. — Église ancienne.

Croisances, 244 h., c. de Saugues.

Cronce, 502 h., c. de Pinols.

Cubelles, 413 h., c. de Saugues. ⟶ Tunnels du chemin de fer de Brioude à Alais.

Cussac, 588 h., c. de Solignac. ⟶ Château gothique.— Non loin de Malpas, très beaux *pavés des géants*, masses de basalte prismatiques couvrant le sol, pareilles aux ruines d'une ville bouleversée ; dans les intervalles croissent les frênes, les chênes, les trembles et les érables.

Desges, 436 h., c. de Pinols.

Didier-d'Allier (Saint-), 259 h., c. de Cayres. ⟶ Ruines d'un château.

Didier-la-Séauve (Saint-), 490 h. (2,162 agglom.), ch.-l. de c. de l'arrond. d'Yssingeaux. ⟶ Ancienne église (mon. hist.). — A 3 kil., abbaye de Bénédictines de la Séauve, fondée

en 1228 et reconstruite en 1785 ; à l'intérieur, tombeau de sainte Marguerite, religieuse du monastère. — Château qui existait au xᵉ s.—Ruines d'un château baronial. — Châteaux de la Fressange (xviiᵉ s.) et de Chantemule.

Didier-sur-Doulon (Saint-), 1,614 h. (150 agglom.), c. de Paulhaguet. ⟶ A Maisonneuve, mamelon volcanique au milieu des granits.

Domeyrat, 610 h., c. de Paulhaguet. ⟶ Église romane. — Château ruiné du xiiiᵉ. s.; tours rondes.

Dunières, 2,513 h. (672 agglom.), c. de Montfaucon. ⟶ Voie romaine.— Église du xiᵉ s.; portail remarquable ; à l'intérieur, chapiteaux curieux. — Ancien château de Dunières-la-Roue (couvent). — Restes du château de Dunières-Joyeuse, sur un rocher ; tour très élevée.

Éble (Saint-), 684 h., c. de Langeac. ⟶ A Rougeat, dans le champ des Pierres-des-Fées, douze peulvens formant des alignements. — Le volcan éteint du Coupel (802 mèt.) renferme beaucoup d'ossements fossiles.

Espalem, 166 h., c. de Blesle.

Espaly-Saint-Marcel, 2,217 h. (990 agglom.), c. Nord-Ouest du Puy. ⟶ Découverte de 2 villas romaines. — Grotte celtique. — Sur un rocher de brèche volcanique à pic très élevé, dominant la Borne, ruines d'un château reconstruit de 1260 à 1283, détruit en 1591. — En face, sur l'autre rive, *Orgues d'Espaly*, colonnades basaltiques de la colline de la Croix-de-la-Paille (757 mèt.), contre-fort de la Denise (850 mèt.). — Curieux dyke volcanique de l'Arbouisset.

Esplantas, 329 h., c. de Saugues. ⟶ Vieux château.

Estables (Les), 1,057 h. (406 agglom.), c. de Fay-le-Froid; commune la plus élevée du département, à 1,544 mèt., au pied du Mézenc.

Étienne-du-Vigan (Saint-), 436 h., c. de Pradelles. ⟶ Grotte artificielle.

Étienne-Lardeyrol (Saint-), 1,106 h.(58 agglom.), c. de Saint-Julien-Chapteuil. ⟶ Sur un roc à pic, château ruiné dominé par une tour très élevée.

HAUTE-LOIRE.

Étienne-sur-Blesle (Saint-), 289 h., c. de Blesle.

Étienne-près-Allègre (Saint-), 216 h., c. de Paulhaguet.

Eugénie-de-Villeneuve (Sainte-), 314 h., c. de Paulhaguet.

Fay-le-Froid, 870 h., ch.-l. de c. de l'arrond. du Puy, près du Lignon, sur un dyke phonolithique à parois presque perpendiculaires.

Félines, 970 h., c. de la Chaise-Dieu.

Ferréol-d'Auroure (Saint-), 1,152 h. (525 agglom.), c. de Saint-Didier-la-Séauve.

Ferréol-de-Cohade (Saint-), 533 h., c. de Brioude.

Ferrussac, 471 h., c. de Pinols.

Fix-Saint-Geneys, 538 h., c. d'Allègre, sur un coteau (belle vue) dominant les sources de la Sioule.

Florine (Sainte-), 2,504 h. (2,128 agglom.), c. d'Auzon.

Fontannes, 611 h., c. de Brioude.

Freycenet-Lacuche, 808 h., c. du Monastier, au pied du rocher Tourte (1,556 mèt.).

Freycenet-la-Tour, 616 h., c. du Monastier.

Front (Saint-), 2,633 h. (350 agglom.), c. de Fay-le-Froid. ⟶ Grottes creusées de main d'homme à Bournac.

Frugères-le-Pin, 510 h., c. de Paulhaguet. ⟶ Pont du chemin de fer sur la Sénouire.

Frugères-les-Mines, 403 h., c. d'Auzon. ⟶ Château.

Geneys-près-St-Paulien (Saint-), 732 h., c. de Saint-Paulien. ⟶ Restes de constructions et voies romaines. — Curieux cratère.

Georges-d'Aurac (Saint-), 1,700 h. (410 agglom.), c. de Paulhaguet. ⟶ Église moderne, de style roman.

Georges-Lagricol (Saint-), 1,084 h. (410 agglom.), c. de Craponne.

Germain-la-Prade (Saint-), 2,079 h. (143 agglom.), c. du Puy Sud-Est. ⟶ Ruines de l'abbaye de Doue. — Beaux cônes basaltiques de Peynastre (912 mèt.; grottes celtiques) et de Servissas, dominant la jolie vallée de la Gagne. — *Rocher-Rouge*, immense roc

rouge pointu, jet de basalte refroidi, haut de 35 mèt., près de la Gagne.

Géron (Saint-), 328 h., c. de Brioude.

Goudet, 518 h., c. du Monastier. ⟶ Anciens châteaux de Goudet et de Beaufort. — Prieuré. — Colonnades basaltiques.

Grazac, 1,606 h. (488 agglom.), c. d'Yssingeaux. ⟶ Ruines des châteaux de Vertamize et de Carry (belle position sur le Lignon). — Pont de l'enceinte sur le Lignon.

Grenier-Montgon, 288 h., c. de Blesle.

Grèzes, 746 h., c. de Saugues. ⟶ Ruines d'un château féodal et tour octogonale, à la Clause. — Belle grotte.

Haon (Saint-), 1,418 h. (198 agglom.), c. de Pradelles. ⟶ Ruines d'un château. — Travaux d'art du chemin de fer : tunnels du Crest (180 mèt.), de la Salette (200 mèt.), du Faux, de Saint-Christophe, de Souilles, du Thord (245 mèt.) ; viaducs de 3, 11, 21, 13 et 9 arches ; pont sur l'Allier (6 arches de 12 mèt.).

Hilaire (Saint-), 792 h., c. d'Auzon.

Hostien (Saint-), 1,509 h. (250 agglom.), c. de Saint-Julien-Chapteuil. ⟶ A 3 kil., château Bonneville.

Ilpize (Saint-), 1,000 h. (267 agglom.), c. de Lavoute-Chilhac. ⟶ Forteresse gothique et, de l'autre côté de l'Allier, tour très haute, de même style.

Javaugues, 327 h., c. de Brioude. ⟶ Château moderne de Cumignat (vue magnifique).

Jax, 509 h., c. de Paulhaguet.

Jean-d'Aubrigoux (Saint-), 1,029 h. (131 agglom.), c. de Craponne.

Jean-de-Nay (Saint-), 1,571 h. (249 agglom.), c. de Loudes. ⟶ Pic de la Durande (1,300 mèt.). — Lac de Limagne. — Ruines du château de Séreys.

Jean-Lachalm (Saint-), 980 h., c. de Cayres, sur un plateau de 1,100 à 1,200 mèt. dominant une gorge pittoresque.

Jeures (Saint-), 2,704 h. (128 agglom.), c. de Tence. ⟶ Châteaux de la Rochette, de Laborie, du Fort, du Bouchet et de Salcerup.

Jozat, 530 h., c. de Paulhaguet.

Julien-Chapteuil (Saint-), 3,305 h. (1,054 agglom.), ch.-l. de c. de l'arrond. du Puy, près de la Sumène. ➤➤➤ Immense porte à mâchicoulis, reste des anciennes fortifications. — Ruines du château féodal de Chapteuil, sur une masse de basalte prismatique.

Julien-d'Ance (Saint-), 978 h., c. de Craponne.

Julien-des-Chazes (Saint-), 553 h., c. de Langeac. ➤➤➤ Restes d'un prieuré.

Julien-du-Pinet (Saint-), 1,060 h. (690 agglom.), c. d'Yssingeaux. ➤➤➤ Château gothique.— A Glavenas, ruines d'un château féodal.

Julien-Molhesabate(Saint-), 1,023 h. (154 agglom.), c. de Montfaucon. ➤➤➤ Monts Fulletin (1,572 mèt.) et de la Sceythe (1,363 mèt.).

Jullianges, 990 h., c. de la Chaise-Dieu.

Just-Malmönt (Saint-), 2,014 h. (611 agglom.), c. de Saint-Didier-la-Séauve.

Just-près-Brioude (Saint-), 1,440 h. (118 agglom.), c. de Brioude.

Just-près-Chomelix (Saint-), 1,655 h. (507 agglom.), c. d'Allègre. ➤➤➤ Château ruiné.

Lafarre, 528 h., c. de Pradelles, sur une montagne de 962 mèt. dominant la Loire de 100 mèt.

Lamothe, 990 h., c. de Brioude. ➤➤➤ Ruines d'un château de la famille de Canillac.

Landos, 1,149 h. (292 agglom.), c. de Pradelles, à 1,163 mèt.

Langeac, 4,552 h. (3,410 agglom.), ch.-l. de c. de l'arrond. de Brioude, sur l'Allier (deux ponts suspendus), au pied d'une montagne couronnée par les croix d'un calvaire. ➤➤➤ Église du xvᵉ s.; clocher hexagonal; stalles du xvᵉ s.; clôture de chapelle, en fer forgé, du xivᵉ s. — Pont suspendu. — Viaduc du chemin de fer sur l'Allier 16 arches.de 12 mèt. d'ouverture).

Lantriac, 1,668 h. (566 agglom.), c. de Saint-Julien-Chapteuil. ➤➤➤ Grottes creusées de main d'homme; à Cou-

teaux, 14 autres grottes, parmi lesquelles plusieurs divisées en 3 compartiments.

Lapte, 2,883 h. (577 agglom.), c. d'Yssingeaux.

Laurent-Chabreuges (Saint-), 235 h., c. de Brioude.

Laussonne, 1,911 h. (524 agglom.), c. du Monastier.

Laval, 510 h., c. de la Chaise-Dieu.

Lavaudieu, 758 h., c. de Brioude. ➤➤➤ Restes d'une abbaye de femmes; église (xiiᵉ s.) et cloître (xiiiᵉ s.).

Lavoute-Chilhac, 749 h., ch.-l. de c. de l'arrond. de Brioude, dans une presqu'île de l'Allier, à l'embouchure de l'Avesne. ➤➤➤ Ancienne église de Bénédictins (xvᵉ s.), ayant remplacé une église romane dont il reste le battant d'une porte richement sculpté et orné d'une inscription en vers léonins; 2 châsses du xvᵉ s.

Lavoute-sur-Loire, 807 h., c. de Saint-Paulien. ➤➤➤ Château gothique et de la Renaissance, dans une situation pittoresque, sur une presqu'île de la Loire. — Vieux pont sur la Loire. — Pont du chemin de fer sur le fleuve, qui coule, en amont, dans des gorges superbes, moitié rocheuses, moitié boisées.

Lempdes, 1,423 h. (1,509 agglom.), c. d'Auzon. ➤➤➤ Église du xiᵉ s. — Pont du chemin de fer sur l'Alagnon.

Léotoing, 556 h., c. de Blesle.➤➤➤ Curieux rochers. — Tour ruinée. —Sur l'Alagnon, 4 ponts du chemin de fer d'Arvant à Figeac.

Lissac, 630 h., c. de Saint-Paulien

Lorlanges, 532 h., c. de Blesle.

Loudes, 1,617 h. (498 agglom.), ch.-l. de c. de l'arrond. du Puy. ➤➤➤ Tour, reste d'une vieille baronnie. — Grotte du moulin de Loudes. — Vieux château de Charrouil, restauré dans le goût moderne. — Lac de Céreix.

Lubilhac, 645 h., c. de Blesle.

Malrevers, 1,160 h. (114 agglom.), c. Nord-Ouest du Puy.

Malvalette, 1,250 h. (154 agglom.), c. de Bas-en-Basset.

Malvières, 494 h., c. de la Chaise-Dieu.

Marie-des-Chazes (Sainte-), 452 h.,

c. de Langeac. ⮫ Église isolée (xıe ou xııe s.); joli clocher roman.

Martin-de-Fugères (Saint-), 1,115 h. (250 agglom.), c. du Monastier, sur un plateau de 1,059 mèt. dominant les belles et profondes gorges de la Loire.

Mas-de-Tence (Le), 679 h., c. de Tence.

Maurice-de-Lignon (Saint-), 2,062 h. (620 agglom.), c. de Monistrol-sur-Loire. ⮫ Château de Lignon, dans un site sauvage, au-dessus des gorges profondes du Lignon. — Vieille tour, ruines du château de Maubourg. — Château moderne de Latour-Maubourg.

Mazeyrat-Aurouze, 766 h., c. de Paulhaguet.

Mazeyrat-Crispinhac, 825 h., c. de Langeac.

Mercœur, 518 h., c. de Lavoute-Chilhac.

Mézères, 474 h., c. de Vorey.

Monastier (Le), 3,698 h. (2,001 agglom.), ch.-l. de c. de l'arrond. du Puy, sur la rive dr. de la Gazanne. ⮫ Restes des portes et des murailles d'enceinte. — Ruines de l'abbaye de Saint-Chaffre. — Église, ancienne abbatiale (mon. hist.), réédifiée en 931, réparée à la fin du xıe s., et retouchée depuis jusqu'au xvıe s.; façade d'une architecture romane fort ancienne; sur le transsept, clocher octogonal avec flèche; chœur du xve s.; chapelle offrant une voûte à caissons richement ornée dans le goût de la Renaissance (1543); sarcophage du ıve ou du ve s., orné de bas-reliefs; ancienne statue tombale; buffet d'orgue du xvıe s.; buste plaqué d'argent de saint Chaffre. — A 5 kil., grottes artificielles de la Terrasse. — Cratère remarquable de Breysse.

Monistrol-d'Allier, 1,173 h. (420 agglom.), c. de Saugues. ⮫ Grottes de l'Esclusel, servant d'habitation. — Chapelle Sainte-Madeleine, creusée dans le basalte. — Splendides gorges boisées de l'Allier, dominées par la tour de Rochegude. — Pont suspendu. — Tunnels et viaducs du chemin de fer.

Monistrol-sur-Loire, 4,722 h. (2,083 agglom.), ch.-l. de c. de l'arrond. d'Yssingeaux, sur un coteau au pied duquel se réunissent les deux torrents formant le Folletier, qui va se jeter dans la Loire. ⮫ Église curieuse du xııe s.; petite coupole à la 5e travée. — Beau château (xve et xvıe s.) flanqué de tours, ancienne propriété des évêques du Puy.

Monlet, 1,536 h. (261 agglom.), c. d'Allègre. ⮫ Cuve romaine en grès servant de bassin à une fontaine publique.

Montclard, 571 h., c. de Paulhaguet.

Monteil (Le), 365 h., c. Nord-Ouest du Puy. ⮫ Charmante vallée de la Loire.

Montfaucon, 1,028 h. (858 agglom.), ch.-l. de c. de l'arrond. d'Yssingeaux. ⮫ Dans l'église, 12 bons tableaux.

Montregard, 1705 h. (246 agglom.), c. de Montfaucon. ⮫ Château ruiné

Montusclat, 780 h., c. de Saint-Julien-Chapteuil.

Moudeyres, 463 h., c. du Monastier, sur un plateau de 1,193 mèt.

Nozeyrolles, 510 h., c. de Pinols.

Ouides, 545 h., c. de Cayres, sur un plateau de 1,100 mèt. d'altitude.

Ours-Mons, 559 h., c. du Puy (Sud-Est). ⮫ Cratère d'un ancien volcan. — Ancien château.

Pal-de-Chalencon (Saint-), 2,283 h. (680 agglom.), c. de Bas-en-Basset.

Pal-de-Mons (Saint-), 2,054 h. (810 agglom.), c. de Saint-Didier-la-Séauve. ⮫ Ruines du château de Chanteloube et du castel de Mons.

Pal-de-Murs (Saint-), 652 h., c. de la Chaise-Dieu.

Paul-de-Tartas (Saint-), 1,078 h. (152 agglom.), c. de Pradelles, au pied du Tartas (1,518 mèt.). ⮫ Grottes druidiques.

Paulhac, 491 h., c. de Brioude. ⮫ Tour féodale. — Château du xve s., restauré.

Paulhaguet, 1,528 h. (1,318 agglom.), ch.-l. de c. de l'arrond. de Brioude, sur un coteau qui domine la Sénouire.

Paulien (Saint-), 2,855 h. (1,561 agglom.), ch.-l. de c. de l'arrond. du Puy, près du Bourbouliou. ⮫ C'est l'ancienne *Ruessio* des Vellavi; dé-

Cathédrale du Puy.

couverte de nombreux débris antiques, notamment dans le quartier de *Marcha-Dial*. — Église (mon. hist.) reconstruite au xɪ° s., sur les ruines d'un édifice du ɪv° s., tour à flèche du xɪv° s.; mâchicoulis. — A la chapelle de l'hospice, porte romane. — *Peyro dou tresvirs*, pierre à 3 têtes sculptées qui pourrait bien être l'ancienne pierre du champ des supplices. — Fontaine avec buste du sculpteur Julien. — Notre-Dame du Haut-Solier, chapelle convertie en ferme (murs antiques); près de là, *pierre à tuer les bœufs*, bloc de grès dont l'origine et la destination sont inconnues.

Pébrac, 994 h., c. de Langeac. ⟶ Restes d'un prieuré. — Église possédant une chape du xɪ° s. — Église, autrefois chapelle d'un prieuré, située sur un roc volcanique.

Pertuis (Le), 994 h., c. de Saint-Julien-Chapteuil. ⟶ Belle vue sur les volcans du Velay.

Pierre-du-Champ (Saint-), 1,526 h. (320 agglom.), c. de Vorey. ⟶ Ruines du château d'Arzon, sur le torrent de ce nom. — Restes du peulven de la Chaise-de-la-Dame.

Pierre-Eynac (Saint-), 1,588 h. (214 agglom.), c. de Saint-Julien-Chapteuil. ⟶ Grottes artificielles, sur le mont Peylenc. — Ruines des châteaux de Lardeyrol et d'Eynac.

Pinols, 904 h., ch.-l. de c. de l'arrond. de Brioude, près du Châlon, au pied de la Marguerite. ⟶ Autel druidique, nommé la Tuile des Fées, en partie détruit.

Polignac, 2,553 h. (663 agglom.), c. du Puy (Nord-Ouest), au pied d'un rocher escarpé portant un ancien château (mon. hist.), une des ruines féodales les plus remarquables de la France, composé d'un haut donjon carré à mâchicoulis (xɪv° s.), d'une tour ronde du xɪɪɪ° s. et d'un ensemble de constructions de diverses époques, particulièrement des xɪɪ° et xv° s. Le plateau qui porte ces bâtiments est entouré d'une muraille crénelée, munie de courtines et de tours. Parmi ces ruines, dont une partie remonte à une époque reculée du moyen âge, se trouvent des restes d'antiquités gallo-romaines, entre autres une inscription au nom de l'empereur Claude, qui, d'après M. Aymard, aurait fait partie de l'attique ou de la frise d'une porte monumentale, des claveaux d'arcades (sculptures élégantes), des fragments de piliers cannelés, des pierres de très grand appareil, munies de crampons, des tuiles à rebords, des poteries, des médailles romaines, et surtout un masque colossal d'une divinité barbue. Une tradition fort ancienne paraît, d'ailleurs, rappeler le souvenir d'un temple à oracles situé en ce lieu. Près de deux salles, couvertes en citerne, une large et profonde excavation (83 mèt.), appelée l'*Abîme*, taillée dans le roc, renferme une source qui en remplit le fond et dont les eaux alimentaient sans doute un *castrum* romain qui précéda le château du moyen âge, et un *oppidum*, encore antérieur, dont l'existence est attestée par des habitations taillées dans le roc. — L'église romane (mon. hist.), remarquable par l'élégance de ses formes architecturales et par sa belle conservation, se compose de trois nefs, terminées par autant d'absides. Dans les murailles, débris lapidaires de l'antiquité romaine. — Aux Estreys, superbes gorges de la Borne et charmante cascade d'un affluent du ruisseau de Vouzac. — Pittoresque rocher volcanique de Cheyrac (814 mèt.).

Pont-Salomon, 1,152 h. (232 agglom.), c. de Saint-Didier-la-Séauve.

Pradelles, 1,971 h. (1,657 agglom.), ch.-l. de c. de l'arrond. du Puy, sur une montagne d'où descend un affluent de l'Allier, à 1,149 mèt. ⟶ Hospice très ancien. — A Longesagne, roches granitiques, dont trois offrent des trous arrondis, peut-être d'origine celtique ou antécelltique.

Prades, 421 h., c. de Langeac. ⟶ Église romane. — Ruines d'un pont. — Beaux accidents basaltiques. — Tunnel de 150 mèt., sur le chemin de fer d'Alais.

Préjet-Armandon (Saint-), 597 h., c. de Paulhaguet.

Préjet-d'Allier (Saint-), 746 h., c. de Saugues.

Présailles, 1,132 h. (118 agglom.), c. du Monastier. ➠→ Restes du château de Vachères.

Privat-d'Allier (Saint-), 1,518 h. (352 agglom.), c. de Loudes, sur le ruisseau de Rouchoux, qui coule dans une gorge profonde resserrée entre des rochers élevés. ➠→ Église restaurée avec goût. — Grotte dans le basalte. — Château moderne de Mercœur. — Tour de Rochegude, sur un pic très élevé dominant l'Allier de 400 à 500 mèt.

Privat-du-Dragon (Saint-), 698 h., c. de Lavoute-Chilhac. ➠→ Ferme-modèle au château d'Alleret.

Puy-en-Velay (Le), 19,250 h., ch.-l. du départ., une des villes les plus curieuses et les plus pittoresques de l'Europe, située à 625 mèt. d'altit., entre la rive dr. de la Borne et le ruisseau du Dolezon, à 3 kil. env.

Cloître de la cathédrale du Puy.

de la rive g. de la Loire, sur le versant du *Mont-Anis.* ➠→ Bâti en partie sur la roche vive, le Puy se divise en ville haute et ville basse. La plus grande partie de la ville forme un vaste amphithéâtre, dominé par la cathédrale, et qui a conservé sa physionomie féodale et ses rues étroites, escarpées, pavées avec des galets de laves volcaniques. Les quartiers et les faubourgs moins anciens se déploient dans la vallée, sur une longueur de 2 kil. environ de l'O. à l'E. Sur le boulevard qui entoure cette partie de la ville, s'ouvre la vaste *place du Breuil,* où s'élèvent le *palais de justice,* la *préfecture* et une *fontaine* monumentale (1864; 17 statues allégoriques et sculptures par Bosio).

Au-dessus du Mont-Anis, qui a donné son nom à la ville antique (*Anicium*), se dresse le *rocher Corneille,* massif gigantesque, composé de brèche volcanique. Vu de la route de Brive, au delà du pont Saint-Jean, jeté sur le Dolezon, le rocher Corneille présente une configuration assez singulière. Au-dessus d'un quartier de roche, qui limite au S. la plate-forme et son avenue, on remarque, comme sculpté en bas-relief sur un fond presque noir, un profil colossal, appelé le *Masque d'Henri IV*, ou la *Tête du Géant*. On monte au sommet de Corneille par des marches pratiquées dans le roc; diverses plates-formes, étagées sur le rocher, portent encore des vestiges de remparts. C'est sur ce rocher qu'a été érigée, en 1860, la *statue* colossale de *Notre-Dame de France*, faite de canons pris à Sébastopol, et haute, avec son piédestal, de 25 mèt. On monte par un escalier intérieur jusqu'à la couronne, d'où la vue sur le Puy et ses environs est magnifique. En face de la Vierge est la *statue* en bronze de l'évêque J. de Morlhon († 1862), exécutée, comme la Vierge, sur un modèle fourni par Bonnassieux.

A 500 mèt. N. de la ville s'élève d'un seul jet, dans la gracieuse vallée de la Borne, le *rocher* ou dyke *d'Aiguilhe* (*V.* ce mot).

La *cathédrale d.* otre-Dame, jadis un des trois principaux pèlerinages nationaux consacrés à la Vierge (les deux autres étaient Chartres et Boulogne), est la construction romane la plus bizarre qui existe. On y parvient par un long escalier qui se continue sous la nef, aboutissait jadis en face même de l'autel, mais se bifurque aujourd'hui pour atteindre les portes du transept, toutes deux très remarquables par leurs dispositions et leur décoration sculptée. La façade O. se trouve ainsi n'avoir pas de portes proprement dites, mais un vaste porche inférieur, où l'on voit encore des inscriptions du xiiᵉ s. et des vantaux de bois sculpté de la même époque. Le premier étage de cette façade est au niveau du sol de la grande nef; au-dessus, la façade est couronnée latéralement par deux murs en pignon percés d'arcades et ayant pu servir de clochers. La grande nef est voûtée en coupoles oblongues contre-butées par les bas-côtés, disposition dont il n'existe en France qu'un autre exemple, à Poi-

tiers. Près du chœur s'élève un *clocher* isolé avec petite flèche, haut de 52 mèt., d'une architecture fort singulière. Le mur absidal, formé de débris romains, paraît remonter au vᵉ ou au viᵉ s. On remarque à l'intérieur de l'église des restes de peintures, des panneaux sculptés, d'anciens tableaux de confréries; le trésor possède, entre autres objets curieux, une bible du ixᵉ s., dite de Théodulfe. La cathédrale est entourée d'édifices militaires et religieux parmi lesquels il faut citer : le *baptistère Saint-Jean*, du ivᵉ s.; le *cloître*, en partie du ixᵉ s. et d'une décoration romane très remarquable (fragments d'une grille du xiiᵉ s.); la *maison de la prévôté* (dans la cour, débris lapidaires gallo-romains); la *salle de la Bibliothèque* (peintures murales); une porte fortifiée, etc. — L'*église Saint-Laurent*, vaste édifice du xivᵉ s., renferme le tombeau d Du Guesclin, où fut d'abord enseveli le héros et où sont encore ses entrailles. L'inscription et la statue sont authentiques. — L'*église des Carmes* (façade moderne) date du xvᵉ s.; *Saint-François-Régis*, de 1605 à 1640.

Musée, bel édifice moderne renfermant des collections d'histoire naturelle, des collections préhistoriques, des objets ou débris lapidaires antiques, du moyen âge et de la Renaissance, des sculptures (combat des Centaures et des Lapithes, groupe en bronze par Barye), des gravures, une collection de dentelles, des cartes en relief du bassin du Puy et des tableaux du Caravage, de Jules Romain, du Guide, de Ribera, du Tintoret, de Van Dyck, Franck le Vieux, Huysmans, Micris, Porbus, Rubens, Téniers le Jeune, Terburg, Coypel, Fragonard, Lagrenée, Largillière, Mignard, Rigaud, etc. — *Bibliothèque* de 12,000 vol. — *Porte de Pannessac*, reste de l'enceinte fortifiée. — *Hôtel de ville* du xviiiᵉ s. — Reste (xviᵉ s.) de la façade de l'*ancien évêché*. — *Grand séminaire*, pittoresquement situé. — *Maisons* anciennes (xiiiᵉ au xviiᵉ s.) à façades sculptées. — *Fontaines du boulevard Saint-Louis* (colonne en trachyte), *du Plot* (xviiᵉ s.), *des*

Église des Carmes, au Puy.

Tables et *du Théron* (xve s.), etc. — *Jardin public.*

Quentin-Chaspinhac (Saint-), 734 h., c. Nord-Ouest du Puy, sur un rocher de 813 mèt. dominant de près de 250 mèt. les belles gorges de la Loire. ➤ Splendides rochers de Peyredeyre, au confluent de la Loire et de la Sumène.

Quéyrières, 1,152 h. (121 agglom.), c. de Saint-Julien-Chapteuil. ➤ Château ruiné, sur un roc de basalte, à 1,214 mèt.

Raucoules, 1,510 h. (226 agglom.), c. de Montfaucon. ➤ Voie romaine. — Ruines du château de Chazeilles. — Château moderne de Figon.

Rauret, 748 h., c. de Pradelles. ➤ Ruines du château baronial de Jonchères. — Travaux d'art du chemin de fer : pont de 5 arches de 12 mèt. sur l'Allier ; tunnels des Ribaines (580 mèt.), de Rauret (260 mèt.), de Freycenet (200 mèt.), de Joncherette (200 mèt.), de la Pinède (150 mèt.), de la Forêt (170 mèt.) ; pont sur l'Allier (4 arches de 12 mèt.) ; nombreux viaducs.

Reilhac, 425 h., c. de Langeac.

Retournac, 3,515 h. (1,056 agglom.), c. d'Yssingeaux. ➤ Église romane. — Château de Vaux. — Pont de 7 arches, sur la Loire. — Vieux château de Mercuret. — Ruines du château d'Artias, sur une montagne abrupte (733 mèt.) dominant la Loire de 200 mèt. et dominée par le mont Miaune (1,060 mèt.).

Riotord, 2,697 h. (666 agglom.), c. de Montfaucon. ➤ Église (mon. hist.); coupole romane, surmontée d'un lourd clocher. — Ruines de l'abbaye de Clavas (xiiie s.).

Roche-en-Régnier, 1776 h. (125 agglom.), c. de Vorey, sur une roche volcanique (ruines d'un château féodal).

Roche-Lambert (La), V. Borne.

Romain-Lachalm (Saint-), 1,225 h. (205 agglom.), c. de Saint-Didier-la-Séauve. ➤ Ruines de deux châteaux forts.

Rosières, 2,402 h. (525 agglom.), c. de Vorey.

Salettes, 1,597 h. (143 agglom.) c.

du Monastier, sur une colline à pic dominant la Loire.

Salzuit, 417 h., c. de Paulhaguet. ➤ Ancienne chapelle du château bien conservée. — Curieuses caves du xiiie s., taillées dans le roc.

Sanssac-l'Église, 1,001 h. (312 agglom.), c. de Loudes. ➤ Dans l'avenue du château de Barret, vestiges d'une voie romaine nommée Vio-Boulena (*Via Bolena*). — Château du Mas.

Saugues, 3,982 h. (1,767 agglom.), ch.-l. de c. de l'arrond. du Puy, sur la Seuge, dont la vallée est appelée la Suisse de la Margeride et qui reçoit le Pontajou, à 970 mèt. d'altitude. ➤ Clocher (mon. hist.) très ancien ; sonnerie curieuse. — Ruines de l'enceinte fortifiée. — Tombeau dit du Général-Anglais, d'origine ancienne, composé de 4 colonnes hautes de 4 mèt. reposant sur une base cubique et supportant une voûte en ogive. — A 4 kil. en aval, cascade de Luchadou, sur la Seuge, près d'un filon volcanique égaré au sein du granit. — Ruines des châteaux de Servières, Servilanges, Giberge, la Rode, la Roche, Luchadou, Ombret, Beauregard, des Salettes, du Villeret.

Sauvetat (La), 297 h., c. de Pradelles, à 1,188 mèt. ➤ Ruines d'un château gothique.

Sembadel, 690 h., c. de la Chaise-Dieu.

Séneujols, 532 h., c. de Cayres, à 1,065 mèt.

Siaugues-Saint-Romain, 1,703 h. (415 agglom.), c. de Langeac. ➤ Belles ruines d'un château sur la colline. — Pittoresque rocher volcanique de l'Espitalet.

Sigolène (Sainte-), 3,303 h. (1,075 agglom.), c. de Monistrol-sur-Loire. ➤ Château de la Tour, sur la Dunière. — Château du Villard, modernisé.

Solignac-sous-Roche, 666 h., c. de Bas-en-Basset. ➤ Deux ponts très anciens, sur l'Ance.

Solignac-sur-Loire, 1,260 h. (486 agglom.), ch.-l. de c. de l'arrond. du Puy. ➤ Pavés des Géants, près de Mussic. — Ruines d'un château sur une

Château de la Roche-Lambert.

roche volcanique. — Cascade de la Baume, formée par l'Ourzie.

Tailhac, 405 h., c. de Pinols.

Taulhac, 588 h., c. du Puy Sud-Est.

Tence, 4,756 h. (1,196 agglom.), ch.-l. de c. de l'arrond. d'Yssingeaux, sur le Lignon. ➡ Restes du château de la Brosse. — Vieille tour du château de Besset.—Manoir de Pélissac.

Thoras, 1,006 h. (277 agglom.), c. de Saugues.

Tiranges, 1,637 h. (540 agglom.), c. de Bas-en-Basset.

Torsiac, 248 h., c. de Blesle. ➡ Tunnel de 652 mèt.

Vabres, 248 h., c. de Saugues. ➡ Église romane. — Restes d'un château.

Valprivas, 1,554 h. (621 agglom.), c. de Bas-en-Basset.

Vals-le-Chastel, 210 h., c. de Paulhaguet.

Vals-près-le-Puy, 1,004 h. (817 agglom.), c. du Puy (Sud-Est). ➡ Champ de Mars. — Restes d'un couvent d'Augustins; église de style grec. — Couvent (1765); église du style ogival fleuri. — Ermitage de Saint-Benoît, converti en villa. — Trois roches à la surface desquelles sont creusés des bassins d'origine celtique ou antéceltique.

Varennes-Saint-Honorat, 219 h., c. d'Allègre.

Vastres (Les), 1,089 h. (78 agglom.), c. de Fay-le-Froid. ➡ Ruines d'un couvent.

Vazeilles-Limandre, 505 h., c. de Loudes, à la source de la Musette.

Vazeilles-près-Saugues, 256 h., c. de Saugues.

Vénérand (Saint-), 347 h., c. de Saugues. ➡ Ancien prieuré.

Venteuges, 1,175 h. (171 agglom.), de Saugues. ➡ Vieux château de Meyronne.

Vergézac, 814 h., c. de Loudes. ➡ Tour d'un vieux château. — Château de Thioland (xviie s.); mausolée à la mémoire de Sobieski; beau parc. — A Saint-Remy, église romane.

Vergongheon, 1214 h. (536 agglom.), c. d'Auzon.

Vernassal, 1,206 h. (422 agglom.), c. d'Allègre

Vernet (Le), 162 h., c. de Loudes, au pied de la Durande (1,300 mèt.).

Vert (Saint-), 768 h., c. d'Auzon.

Vézezoux, 472 h., c. d'Auzon.

Victor-Malescours (Saint-), 966 h., c. de Saint-Didier-la-Séauve. ➡ Grottes, anciennes galeries de mines. — Château de Malploton.

Victor-sur-Arlanc (Saint-), 495 h., c. de la Chaise-Dieu.

Vidal (Saint-), 425 h., c. de Loudes. ➡ Débris romains. — Voie romaine. — Fragment de pierre tumulaire encastré dans le portail de l'église. — A Chazel, cippe funéraire bien conservé. — Ruines imposantes d'un château fort. — Grottes. — Belle cascade de la Borne, qui forme, en aval, les superbes gorges des Estreys. — Rocher de Roncparqui.

Vieille-Brioude, 1,564 h. (613 agglom.), c. de Brioude. ➡ Vestiges romains. — Restes de fortifications pittoresques. — Église remarquable du xiie s. — Pont en pierre d'une arche (50 mèt. de hauteur), remarquable par sa hardiesse.

Vielprat, 401 h., c. de Pradelles.

Villeneuve-d'Allier, 1,045 h. (203 agglom.), c. de Lavoute-Chilhac.

Villettes (Les), 1,052 h. (278 agglom.), c. de Monistrol-sur-Loire. ➡ Ruines du château de Cublèze.

Vincent (Saint-), 1,453 h. (252 agglom.), c. de Saint-Paulien. ➡ Château de Viaye. — Ancien couvent de Haute-Viaye. — Belle villa.

Vissac, 596 h., c. de Langeac.

Vorey, 2,180 h. (734 agglom.), ch.-l. de c. de l'arrond. du Puy, au confluent de la Loire et de l'Arzon. ➡ Église moderne, du style roman.

Voy (Saint-), 2,527 h. (98 agglom.), c. de Tence.

Yssingeaux, 8,571 h. (3,581 agglom.), ch.-l. d'arrond., sur une colline de 860 mèt. dominant la Siaulme. ➡ Restes d'un *château* du xve s. (murs à mâchicoulis; tourelle à campanile), occupés par l'hôtel de ville et le palais de justice. — Vaste *église* moderne de style gréco-romain (tableau de Sigalon), près de laquelle est une *statue* de saint Pierre. — Ancienne chapelle des Pénitents, aujourd'hui de l'hospice ; élégant clocher à flèche. — Bel *hospice*. — Jolie *fontaine*, avec statuette, sur une place publique. — *Promenade* (belle vue).-- Ancienne *maison forte de Choumouroux.—Château de Treslemont—* Ruines du *château* baronnial *de Saussac.* — Ruines de l'*abbaye de Bellecombe.*

2271. — Imprimerie Lahure, rue de Fleurus, 9, à Paris,

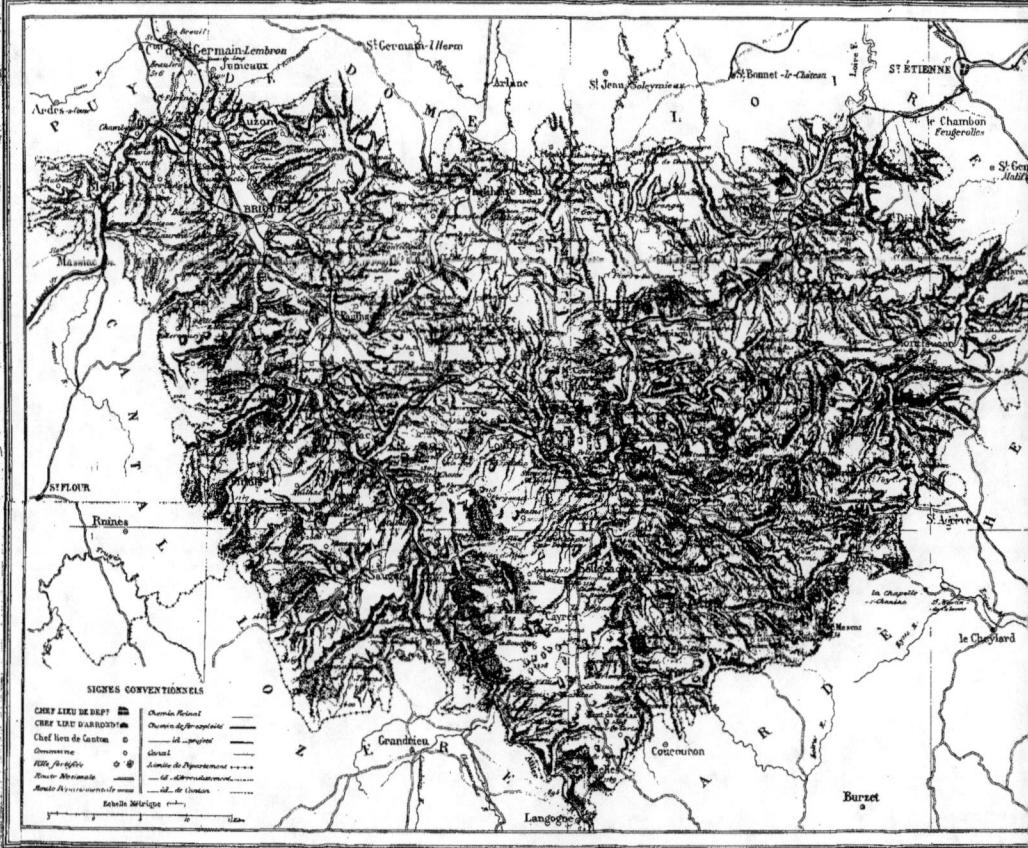

SIGNES CONVENTIONNELS

CHEF LIEU DE DEPT
CHEF LIEU D'ARROND.
Chef lieu de Canton
Commune
Ville fortifiée
Route Nationale
Route Départementale

Chemin Vicinal
Chemin de fer exploité
id. projeté
Canal
Limite de Département
id. d'Arrondissement
id. de Canton

Échelle Métrique

Dessiné par Erhard, r. Duguay-Trouin.
Librairie Hachette et Cie à Paris

Toutes les Géographies de la collection
sont en vente

IMPRIMERIE A. LAHURE, RUE DE FLEURUS, 9, A PARIS.

www.ingramcontent.com/pod-product-compliance
Lightning Source LLC
LaVergne TN
LVHW022117080426
835511LV00007B/878